Christoph Pfeiffer

Mikrokredite

Eine ökonomische Analyse

igel Verlag
RWS

Pfeiffer, Christoph: Mikrokredite. Eine ökonomische Analyse, Hamburg, Igel Verlag RWS 2014

Buch-ISBN: 978-3-95485-146-1
PDF-eBook-ISBN: 978-3-95485-646-6
Druck/Herstellung: Igel Verlag RWS, Hamburg, 2014

Bibliografische Information der Deutschen Nationalbibliothek:
Die Deutsche Nationalbibliothek verzeichnet diese Publikation in der Deutschen Nationalbibliografie; detaillierte bibliografische Daten sind im Internet über http://dnb.d-nb.de abrufbar.

Hermannstal 119k, 22119 Hamburg
http://www.diplomica.de, Hamburg 2014
Printed in Germany

Inhaltsverzeichnis

Tabellenverzeichnis

Abbildungsverzeichnis

Abkürzungsverzeichnis

ASA	Association for Social Advancement
BAAC	Bank for Agriculture and Agricultural Cooperatives
BIP	Bruttoinlandsprodukt
BKB	Bangladesh Krishi Bank
BRI	Bank Rakyat Indonesia
CGAP	Consultative Group to Assist the Poor
c.p.	ceteris paribus
eLab	Laboratorium für experimentelle Wirtschaftsforschung
EL	Entwicklungsländer / Entwicklungsland
FINCA	Fundacion Integral Campesina
FUNDAP	Fundacion para el Desarrollo Integral de Programas Socioeconomicos
IIA	Infant Industry Argument
KUPEDES	Kredit Umum Pedesan
MFI	Mikrofinanzinstitution(en)
MGB	Microfinance Bank of Georgia
PA	Principal-Agent
RAKUB	Rajshahi Krishi Unnayan Bank
ROSCA	Rotating Savings and Credit Association
SDI	Subsidiy Dependence Index
USAID	United States Agency for International Development

Symbolverzeichnis

A	Risikoaufschlag der Bank
a	gewähltes Überwachungsniveau
B	Gesamtschuld des Individuums
b	Rückzahlung an die Bank
C	Pfand
c	Transferzahlung insgesamt bei gemeinsamer Haftung
D	erwartete Ausfallrate
d	Rate, zu der das Einkommen des Individuums mit jeder Periode absinkt
$E(\cdot)$	Erwartungswert
e	Anstrengung des Individuums
$f(\cdot)$	Dichtefunktion
g	Konsum des Individuums
H	bestimmte Erlösrealisierung
h	bestimmte Erlösrealisierung
I	sonstige Bankeinkünfte
i, j	Individuen
K	Investitionserfordernis
k	Kapitalkosten pro Geldeinheit vergebenen Kredits
L	Kredithöhe
$M(\cdot)$	Monitoring-Kosten
m	Nachricht an die Bank
n	Anzahl der Individuen, Anzahl der Rückzahlungen
P	Preis
p	Wahrscheinlichkeit, dass das Projekt erfolgreich verläuft
$p(e)$	Erfolgswahrscheinlichkeit als Funktion der Anstrengun
q	anteilige Transferzahlung bei gemeinsamer Haftung
r	Zins, der von der Bank erhoben wird
R	Erlös des Individuums
S	Soziale Sanktion
s	Summe aller indirekten Subventionen
T	Wochenabstand zwischen Rückzahlungsterminen
t	Zeitpunkt

$U(\cdot)$	Nutzenfunktion eines Individuums
$v(\cdot)$	Arbeitsleid
$V(\cdot)$	Nutzenfunktion eines Individuums
w	Wohlstand eines Individuums
x	projektunabhängiges Einkommen des Individuums
$\overline{Z}$	Gegenwartswert aller zukünftiger Kredite
z	Verifikationskosten
β	Wahrscheinlichkeit, dass die Bank weiterhin Kredite an das Individuum vergibt
θ	Risiko des Projekt
ρ	Erlös der Bank
γ	Kreditkontrakt
λ	Faktor, der den Grad des Arbeitsleids bestimmt; Im Anhang: Lagrangefaktor
π	Gewinn des Individuums
Π	Anteil von Individuen in der Bevölkerung mit sicheren Projekten
δ	Diskontfaktor
τ	Transferzahlung zwischen den Individuen
η	Wahrscheinlichkeit, dass das Individuum entdeckt wird
χ	Transaktionskosten
ϑ_i	nicht-pekuniäre Strafe
ϕ	Nutzen aus dem Konsum eines dauerhaften Guts

1 Einleitung

„Warum fließt Kapital nicht von allein von reichen zu armen Ländern?" fragt Lucas in einem vielbeachteten Aufsatz.[1] Die neoklassische Wachstumstheorie besagt, dass ein Land mit geringer Kapitalausstattung auf Grund höherer Grenzproduktivität eine höhere Kapitalverzinsung aufweisen und so mehr Kapital anziehen müsste. Dies hätte eigentlich zu einem massiven Kapitaltransfer von reichen in arme Ländern führen müssen, was in der Realität jedoch nicht einmal ansatzweise beobachtet werden konnte. Selbst in der heutigen Zeit von starkem Aufholwachstum vieler ehemaliger Entwicklungsländer hat sich dieses Phänomen noch verschärft. Anscheinend fließt Kapital sogar besonders aus schnell wachsenden Entwicklungsländern und eher in langsam wachsende: „The paradox of international capital flows is worse than Lucas had imagined!"[2]

Überträgt man den Gedanken auf die Kreditnehmerebene, lautet die Frage: „Warum fließt Kapital nicht von reichen zu armen Menschen?"[3] Aufgrund ihrer geringeren Kapitalausstattung müssten Menschen mit wenig Kapital über eine höheres Kapitalgrenzprodukt verfügen und damit mehr Kapital anziehen.

Das Paradigma asymmetrischer Information liefert einen wichtigen Erklärungsansatz für die Unvollkommenheiten des Kreditmarkts. Nach einer kurzen Erläuterung des Principal-Agent-Modells, werden die wichtigsten Probleme der Kreditvergabe in Abschnitt 3 anhand verschiedener Modelle dargestellt. Während diese Probleme in Industrieländern weitestgehend gelöst sind, stellen sie Kreditnachfrager und -anbieter in Entwicklungsländern vor erhebliche Schwierigkeiten. Insbesondere trifft dies auf die besitzlosen, unteren Einkommensschichten zu. Segmentierungen zwischen formellem und informellem Sektor prägen bis heute weite Teile der Kreditmärkte in Entwicklungsländern. Ärmere Individuen haben hier oftmals keinen Zugang zum formellen Kreditmarkt und sind deshalb auf informelle Kreditgeber angewiesen, die vergleichsweise hohe Zinsen erheben und sich bei der Kundenauswahl außerdem sehr selektiv verhalten.[4]

Die Zustände in den Kreditmärkten der Entwicklungsländer bewegten die Politik dazu, subventionierte Kreditprogramme zu initiieren, deren Ziel vornehmlich darin bestand, Kredite mit günstigen Zinsen anzubieten. Die Ergebnisse waren jedoch enttäuschend: Die Rückzahlungsraten waren durchweg so niedrig, dass die Kredite beinahe den Charakter direkter Subventionen annahmen. Einige Banken waren gezwungen, die Programme einzustellen. Außerdem erreichten die Kredite oftmals nicht die eigentliche Zielgruppe, nämlich die unteren Einkommensschichten. Das Scheitern der Mikrokreditprogramme erster Generation kann vornehmlich darauf zurück geführt werden, dass keine geeignete Lösung für Probleme asymmetrischer Information gefunden wurde.

Vor diesem Hintergrund scheint das momentan zu beobachtende rasante Wachstum von Mikrofinanzinstitutionen (MFI) etwas überraschend. Es gelingt ihnen, durchweg sehr hohe Rückzahlungsraten zu erreichen. Einige MFI kommen dabei sogar ohne Subventionen aus. Angeführt von der Grameen Bank haben sie verschiedene Methoden entwickelt, die eine hohe Rückzahlungsraten sicher stellen, ohne dabei die Verhältnismäßigkeit von Aufwand und Nutzen aus den Augen zu verlieren. Populärstes Instrument sind dabei Gruppenkredite,

[1] Vgl. Lucas (1990).
[2] Prasad et al. (2007) S. 1.
[3] Vgl. Armendáriz de Aghion; Morduch (2005) S. 5.
[4] Die Tatsache, dass die Kreditnehmer in der Lage sind, diese hohen Zinsen zu bezahlen, spricht jedoch für ein hohes Kapitalgrenzprodukt der Kreditnehmer.

die teilweise synonym mit Mikrokrediten verstanden werden. Neben den Gruppenkrediten gibt es aber weitere Methoden, die für den Erfolg der MFI ausschlaggebend sein könnten.

Schließlich werden die Ergebnisse und Arbeitsweisen der Mikrokreditprogramme im dritten Hauptteil einer kritischen Analyse unterzogen. Eine grundlegende Entscheidung, die eine MFI zu treffen hat, ist die Wahl der Kontraktform, zu der sie Kredite vergibt. Mit der Abwendung einiger führender MFI von der Praxis der Gruppenkreditvergabe wird die unkritische Euphorie in Frage gestellt, mit der Gruppenkrediten begegnet wurde. In Abschnitt 8.1 werden die Vor- und Nachteile von Gruppen- und Individualkrediten gegenübergestellt. Eine weitere Diskussion, die im Abschnitt 8.2 dargestellt wird, kreist um die Frage, welchen Einfluss soziale Bindungen innerhalb der Gruppe auf die Rückzahlungsrate haben.

Von den enthusiastischen Verfechtern der Mikrokreditprogramme wird teilweise der Eindruck erweckt, es handele sich bei Mikrokrediten um eine Art Wunderwaffe gegen Armut, mit denen eine Armutsbekämpfung kostenlos möglich sei. Zwar wird von dem meisten Wirkungsanalysen bestätigt, dass Mikrokreditprogramme eine armutsreduzierende Wirkung haben, der zweite Teils des Versprechens (die Kostenlosigkeit der Armutsbekämpfung) bleibt aber weitgehend unerfüllt. MFI sind immer noch zu einem großen Teil subventionsabhängig. Dies ist jedoch nicht unbedingt negativ zu beurteilen, solange der Nettonutzen der Subventionen (Opportunitätskosten mit eingeschlossen) positiv ist.

Teil I

Ineffizienzen des Kreditmarkts

2 Das Principal-Agent-Modell

Von Ökonomen wurden Verträge lange Zeit als ein Mittel gesehen, mit dem Wirtschaftssubjekte zukünftige Leistungen vollständig definieren und Risiken aufteilen konnten.[5] In der „sonderbare[n] Welt kostenloser Transaktionen“[6] der Neoklassik, können Individuen Verträge kostenlos abschließen und haben vollkommene Voraussicht. Dies ermöglicht ihnen *vollständige Verträge* abzuschließen, die genau kontrollierbar und durchsetzbar sind. Es wurde davon ausgegangen, dass die Einbeziehung von imperfekter Information die ökonomische Analyse nur unnötig verkomplizieren würde.

> „Serious consideration of costs of communication, imperfect knowledge, and the like would, it is believed, complicate without informing.“[7]

Viele in der Realität zu beobachtenden Probleme lassen sich jedoch mit vollkommenen Verträgen nicht erklären. Die Principal-Agent-Theorie (PA-Theorie) ist eine bestimmte Art der Vertragstheorie und ein Teilgebiet der Neuen Institutionenökonomik. In dem Principal-Agent-Modell (PA-Modell) gibt es einen Principal und einen Agent. Dabei geht das Grundmodell davon aus, dass der Principal der Auftraggeber und der Agent der Auftragnehmer ist. Es gibt jedoch viele Anwendungsbereiche des PA-Modells, die nur entfernt an das Grundmodell errinnern. Zentrales Element ist jedoch die asymmetrische Information, die sich aus

[5] Vgl. Richter; Furubotn (1999) S. 9-10.
[6] Richter; Furubotn (1999) S. 9.
[7] Rothschild; Stiglitz (1976) S. 629.

der Annahme positiver Transaktions- bzw. Informationskosten ergibt. Es wird angenommen, dass die Informationskosten teilweise prohibitiv hoch sind. Dies führt dazu, dass der Agent, in bestimmten Bereichen besser informiert ist als der Principal.[8]

Es kann zwischen Moral-Hazard-Problemen und adversen Selektionsproblemen unterschiedenen werden. Bei Moral-Hazard-Problemen sind bestimmte Informationen *nach* dem Vertragsschluss asymmetrisch, bei adversen Selektionsproblemen geht es um asymmetrische Informationen vor dem Vertragsschluss. Bei Moral-Hazard Modellen läßt sich außerdem noch zwischen versteckter Information und versteckter Handlung unterscheiden. Sowohl bei Moral-Hazard- als auch beim advseren Selektionsproblem ist der Agent versucht, sich *opportunistisch* zu verhalten.

Ein Moral-Hazard-Problem ergibt sich beispielsweise aus dem Verhältnis zwischen dem Besitzer eines Unternehmens (Principal) und dem Manager, der das Unternehmen leitet (Agent). Wenn angenommen wird, dass der Profit sich sowohl aus dem Verhalten des Managers als auch zufälligen Einflüssen ergibt, kann der Unternehmseigner aus dem Profit nur bedingt Rückschlüsse auf das Verhalten des Managers schließen. Ein gutes Ergebnis könnte sowohl die Folge von Glück als auch von harter Arbeit sein, was eine anreizgerechte Entlohnung problematisch macht.[9]

Ein anderes Beispiel stammt aus der Versicherungstheorie (der die Begriffe des Moral Hazard und der adversen Selektion entnommen sind). Hat der Agent eine Versicherung abgeschlossen, verschlechtern sich seine Anreize, sich vorsichtig zu verhalten. Das inhärente Risiko des Agents könnte sich nach Abschluss der Versicherung zum Nachteil des Versicherers (des Principals) ändern.[10]

Eine weiteres Anwendungsbeispiel der Principal-Agent-Theorie sind Pachtverträge, bei denen es im Interesse des Grundeigentümers liegt, dem Pächter *einen Teil* der Ernte zu überlassen. Auf diese Weise entsteht ein Anreiz für den Pächter die Ernte zu vergrößern. Zwar würde dieser Anreiz noch größer ausfallen, wenn der Pächter die Ernte komplett behalten könnte, das alleinige Tragen des Risikos durch den Pächter wäre jedoch nicht optimal, da er aufgrund seines geringen Vermögens schlechter als der Grundbesitzer dazu in der Lage ist.[11]

Ein Beispiel für adverse Selektion stammt ebenfalls aus dem Versicherungsbereich. Individuen mit schlechter Gesundheit dürften aus einer Lebensversicherung einen höheren Nutzen erzielen als Individuen mit guter Gesundheit. Wenn der tatsächliche Gesundheitszustand private Information des Individuums ist, kann die Versicherungsgesellschaft nur einen einheitlichen Preis erheben. Demnach würden Individuen mit unterdurchschnittlicher Gesundheit tendenziell mehr Lebensversicherungen nachfragen. Dem Problem wird durch das Angebot verschiedener Verträge begegnet, die nicht nur über den Preis, sondern auch über das Ausmaß der Versicherung definiert werden.[12]

Das bekannteste adverse Selektionsproblem ist sicherlich Akerlofs *Zitronenmarkt*.[13] In einem Markt für Gebrauchtwagen, in dem nur die Verkäufer Informationen über Eigenschaf-

[8]Vgl. Richter; Furubotn (1999) S. 163-164.
[9]Vgl. Grossman; Hart (1983) S. 10.
[10]Vgl. Mirrlees (1999) S. 4 ff.
[11]Vgl. Stiglitz (1974) S. 219-220.
[12]Vgl. Rothschild; Stiglitz (1976) S. 648. Das Angebot verschiedener Verträge wird in anderen Kontexten ebenfalls verwendet, um eine Selbstselektion der Individuen in bestimmte Verträge herbeizuführen (vgl. Abschnitt 4.2 und 6.1.1).
[13]Mit Zitrone (englisch: lemon) ist im Amerikanischen Englisch ein Gebrauchtwagen schlechter Qualität gemeint. Eine entsprechende deutsche Übersetzung lautet „Schrottkarre".

ten des angebotenen Automobils haben, werden risikoneutrale Käufer unter der Annahme, dass sie über die Verteilung von guten und schlechten Autos informiert sind, bereit sein, den erwarteten Wert des Automobils zu bezahlen. Dadurch besteht nur noch für die Anbieter von Gebrauchtwagen unterdurchschnittlicher Qualität ein Anreiz, ihre Ware anzubieten. In Folge dessen ändert sich die Verteilung der angebotenen Gebrauchtwagen und der erwartete Wert eines Gebrauchtwagens sinkt. Dies führt zu einem weiteren Verlassen des Marktes durch Anbieter von Gebrauchtwagen guter Qualität. Nach und nach verlassen die Anbieter besserer Gebrauchtwagen den Markt.[14] Dieses Prinzip lässt sich auf viele andere Sachverhalte übertragen.[15]

Es gibt verschiedene Möglichkeiten die beschriebenen Probleme zu lösen, die allerdings *Agency Kosten*[16] für einen oder beide Akteure verursachen. Zum einen kann der Principal den Agenten überwachen (lassen), wodurch *Monitoring-Kosten* für den Principal anfallen. Eine andere Möglichkeit besteht darin, dass der Agent eine Form von Sicherheit aufbringt, die ein Verhalten im Sinne des Principals wahrscheinlicher macht. Hier wäre beispielsweise bei Versicherungen an eine Selbstbeteiligung zu denken. Durch diese Bindung entstehen dem Agenten *Bonding-Kosten*. In der Regel wird die First-Best-Lösung jedoch nicht erreicht, was zu einem Wohlfahrtsverlust des Principals führt. Diese Divergenz wird als *Residualverlust* bezeichnet.[17]

3 Principal-Agent Probleme im Kreditmarkt

In einem idealisierten Kapitalmarkt werden Kredite wie andere Güter gehandelt. Durch Angebot und Nachfrage kommt es zu einem gleichgewichtigen Zinssatz. In einem solchen Kreditmarkt sind die Investoren mit den besten Projekten bereit, die höchsten Zinsen zu zahlen. Über Preismechanismus wird sichergestellt, dass diese Projekte finanziert werden. Die Kreditallokation wäre Pareto effizient.[18]

In der Realität funktioniert ein Kreditmarkt weniger idealtypisch. Der Grund dafür sind asymmetrische Informationen. Der Kreditnehmer hat in der Wirklichkeit mehr Informationen über seine Eigenschaften, Absichten und Handlungen als die Bank. Durchsetzung der Forderungen, Überwachung und Auswahlprozesse machen deswegen einen erheblichen Teil der Kosten aus, die der Bank durch die Kreditbereitstellung entstehen. In den folgenden Modellen werden mögliche Folgen asymmetrischer Information für die verschiedenen Teilnehmer des Kreditmarkts untersucht.

Diese Probleme werden in Principal-Agent-Modellen analysiert, womit die Grundlage für später aufgezeigte Lösungsmöglichkeiten geschaffen wird. In den Modellen ist eine Bank der Principal und bietet einer bestimmten Anzahl von Agenten, die als Individuen bezeichnet werden, Kreditkontrakte mit einer Kredithöhe L und einem Zinssatz r an. Weitere Elemente des Vertrags können das Pfand C und die Transferzahlung c bzw. q sein. Alternativ wird zur Vereinfachung die Notation der Gesamtschuld $B = L(1+r)$ verwendet. Die Individuen können den Vertrag lediglich annehmen oder ablehnen. Verhandlungen finden nicht statt. Mit dem Kredit beabsichtigen die Individuen ein einperiodiges Projekt zu finanzieren, dessen

[14] Vgl. Akerlof (1970) S. 488-592. In seinem Beispiel unterscheidet Akerlof lediglich zwischen guten und schlechten Gebrauchtwagen.
[15] Z.B. in Abschnitt 3.1.1.
[16] Im Sinne der Institutionenökonomik lassen sich die *Agency Kosten* als Transaktionskosten interpretieren.
[17] Vgl. Jensen; Meckling (1986) S.5-6.
[18] Vgl. Besley (1994) S. 29.

Erlös am Ende der Periode durch die Zufallsvariable R abgebildet wird. Es wird angenommen, dass alle Akteure rational und risikoneutral sind. Damit werden die Individuen den Kontrakt annehmen, wenn ihr erwarteter Nutzen (Gewinn), der sich aus der Kombination von Projekt und Kredit ergibt, größer als ihr Reservationsnutzen $\bar{U}$ (Reservationsgewinn $\bar{\pi}$) ist. Die Bank unterliegt vollständigem Wettbewerb und wird den Zins auf einem kostendeckenden Niveau festsetzen. Die Individuen besitzen einen Wohlstand w, der von der Bank teilweise oder ganz als Pfand C eingefordert werden kann. Der Wohlstand wird jedoch, um der Problematik in Entwicklungsländern gerecht zu werden, meistens auf $w = 0$ festgesetzt. Außerdem unterliegen die Individuen beschränkter Haftung, was bedeutet, dass sie zur Kreditschuldbegleichung maximal den in der Periode erzielten Erlös und das evtl. hinterlegte Pfand aufbringen können. Für die Bereitstellung des Kredits in Höhe L entstehen der Bank Kosten in Höhe von kL, wobei meistens einfachheitshalber angenommen wird, dass das Kreditvolumen genau eine Geldeinheit beträgt.

Die Hauptprobleme, mit denen sich ein Kreditgeber konfrontiert sieht bestehen darin,

- festzustellen, welches Risiko die Kreditvergabe an ein bestimmtes Individuum darstellt (adverse Selektion),
- sicherzugehen, dass der Kreditnehmer sich nach der Kreditvergabe im Interesse der Bank verhält, indem er sich für sichere Projekte entscheidet und sich ausreichend anstrengt (ex-ante Moral Hazard),
- dafür zu sorgen, dass das Individuum nach der Durchführung des Projekts seinen Erlös wahrheitsgemäß angibt, bzw. die Begleichung seiner Kreditschuld nicht einfach verweigert (ex-post Moral Hazard).

Um diese Probleme abzumildern, kann es für die Bank optimal sein, die Kreditvergabe zu begrenzen, selbst wenn Nachfrager bereit wären, einen höheren Zins zu zahlen. Dieses Phänomen, das eine Abweichung von typischen Marktmechanismen ist, wird als Kreditrationierung bezeichnet.[19] Außerdem können Ineffizienzen in verschiedener Form auftreten.

3.1 Adverse Selektion

3.1.1 Unterinvestition

In einem vereinfachten, auf dem Modell von Stiglitz und Weiss aufbauenden Modell[20] wird gezeigt, wie es aufgrund asymmetrischer Information zu einem Ausschluss von Individuen mit effizienten Projekten kommen kann. Die hier verwendete Darstellung des Modells ist an Armendáriz de Aghion und Gollier[21] sowie Ghatak[22] angelehnt.

Es gebe eine bestimmte Anzahl von risikoneutralen, besitzlosen Individuen, die in ein einperiodiges Projekt investieren können, dessen Kosten eine Geldeinheit beträgt. Um die Investition durchführen zu können, müssen sie mangels eigenen Kapitals einen Kredit aufnehmen. Alle Individuen sind durch beschränkte Haftung davor geschützt, mehr als ihre Einnahmen in einer Periode zahlen zu müssen. Es gibt Individuen mit risikoreichen Investitionsvorhaben (R-Individuen), die mit Wahrscheinlichkeit $p_r \in [1; 0]$ einen Erlös von $R_r = H$

[19] Vgl. Baltensperger (1976) S. 401. ff.
[20] Vgl. Stiglitz; Weiss (1981), S. 395-397.
[21] Armendáriz; Gollier (2000) S. 634-635.
[22] Vgl. Ghatak (2000) S. 604-606.

und mit Wahrscheinlichkeit $(1 - p_r)$ einen Erlös von $R_r = 0$ erzielen. Ihre Erlösdichtefunktion lautet somit

$$f(R_r) = \begin{cases} p_r & \text{falls} \quad R_r = H \\ 1 - p_r & \text{falls} \quad R_r = 0 \end{cases} . \tag{1}$$

Außerdem gibt es Individuen mit sicheren Investitionsvorhaben (S-Individuen), die zwar mit Sicherheit ($p_s = 1$) einen Erlös von $R_s = h$ erzielen, dafür fällt dieser aber niedriger aus als der Erlös des R-Individuums ($H > h$). Ihre Erlösdichtefunktion lautet

$$f(R_s) = \begin{cases} p_s = 1 & \text{falls} \quad R_s = h \\ 1 - p_s = 0 & \text{falls} \quad R_s = 0 \end{cases} . \tag{2}$$

Es wird angenommen, dass die erwarteten Erlöse beider Individuen gleich sind, d.h. $E(R_r) = pH = h = E(R_s)$. Die Bank ist risikoneutral und unterliegt vollständigem Wettbewerb, so dass sie Kredite kostendeckend anbietet. Es entstehen ihr Kosten in Höhe von $k \geq 1$ pro Geldeinheit vergebenen Kredits. Die erwarteten Erlöse beider Investitionen fallen höher als die Grenzkosten der Bank aus ($pH = h > k$), so dass beide Investitionen (ex-ante) sozial effizient sind. Es besteht asymmetrische Information über die Eigenschaften der Kreditnehmer. Die Kreditnehmer kennen das Risikoausmaß ihrer geplanten Investition, die Banken können aber nicht zwischen R- und S-Individuen unterscheiden.

In der First-Best-Lösung, bei symmetrischer, vollständiger Information würde die Bank an beide Arten von Individuen Kredit vergeben, jedoch zu unterschiedlichen Zinssätzen. Für die S-Individuen würde ein Zinssatz in Höhe von $r_s = \frac{k}{p_s} = k$ anfallen, und für die R-Individuen würde er $r_r = \frac{k}{p_r}$ betragen. Da jedoch asymmetrische Information hinsichtlich des Risikos der Investitionen besteht, hätten die R-Individuen einen Anreiz, sich als S-Individuen auszugeben, um so den günstigeren Zinssatz zu erhalten. Folglich ist die First-Best-Lösung bei asymmetrischer Information unerreichbar.

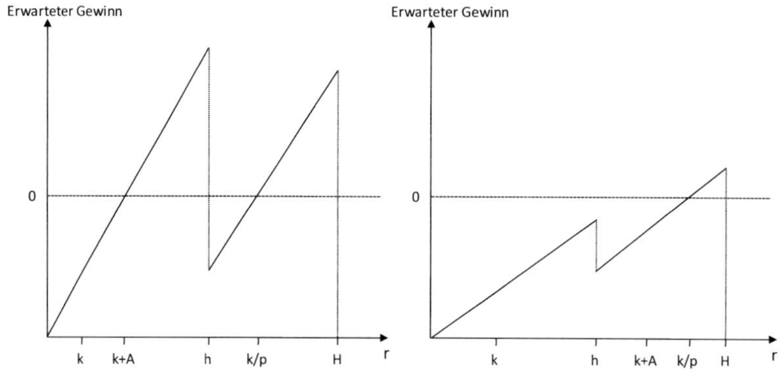

Abbildung 1: Der adverse Selektionseffekt bei steigenden Zinsen. In der linken Darstellung ist ein Pooling- und ein Seperating-Gleichgewicht möglich. In der rechten Abbildung reicht der Erlös des S-Individuums nicht aus, um den gleichgewichtigen Zins zu begleichen ($h < r_p$). Es kommt damit zwangsläufig zu einer ineffizienten Unterinvestition. Angelehnt an Armendáriz de Aghion; Morduch (2005) S. 39-40 sowie Stiglitz; Weiss (1981) S. 397.

Es sei Π der Anteil von Individuen mit sicherem Investitionsvorhaben und $(1-\Pi)$ der Anteil von Individuen mit risikoreichem Investitionsvorhaben. Die Bank wird folgenden Zinssatz erheben, wenn sie davon ausgeht, dass alle Individuen einen Kredit beantragen:

$$r_p = \frac{k}{\Pi + (1 - \Pi)p_r} \tag{3}$$

Dieser Zinssatz ist ein Pooling-Gleichgewicht, wenn die Teilnahmebedingung für beide Typen erfüllt ist $(H > h > r_p)$. Er übersteigt die Grenzkosten um $A = \frac{k(\Pi-1)(p_r-1)}{\Pi+p_r-\Pi p_r}$. A fällt umso höher aus, je größer der Anteil der R-Individuen an der Gesamtbevölkerung ist.

Es besteht ein Seperating-Gleichgewicht, in dem nur R-Individuen einen Kredit beantragen, wenn die Bank den kostendeckenden Zinssatz bei ausschließlicher Kreditnachfrage von R-Individuen $(r_r = \frac{k}{p_r})$ erhebt und die Teilnahmebedingung auch nur für diese Individuen erfüllt ist, d.h. $h \leq \frac{k}{p_r} \leq H$. Ein solches Gleichgewicht stellt sich zwangsläufig ein, wenn der in Gleichung 3 erhobene Zins den Erlös des sicheren Projekts übersteigt, also $k + A > h$ (vgl. Abbildung 1, rechtes Diagramm). Jedoch bedeutet ein Ausschluss der sicheren Investitionen einen sozialen Effizienzverlust, da ihr erwarteter Erlös größer ist als die Kosten der Bank für die Kreditbereitstellung $(h > k)$.

Es kann also unter bestimmten Voraussetzungen zu einem gleichgewichtigen Zinssatz kommen, bei dem Individuen mit einem Projekt, dessen Durchführung effizient wäre, aufgrund eines prohibitiv hohen Zinssatzes keinen Kredit beantragen. Durch ihre Partizipation am Kreditmarkt induzieren die R-Individuen einen höheren Zins und verdrängen dadurch – bei einem ausreichend niedrigem h – die S-Individuen. Dieser Zusammenhang entspricht dem in Akerlofs „Market for Lemons“[23] geschilderten Prinzip.

3.1.2 Überinvestition

Im Modell zur Darstellung der Unterinvestition (vgl. Abschnitt 3.1.1) wurde angenommen, dass alle durchführbaren Investitionen auch sozial effizient sind, das heißt, dass ihr erwarteter Erlös die Kosten der Kapitalbereitstellung übersteigt $(E(R_i) > k,\ i = r, s)$. Da die Bank nicht zwischen S- und R-Individuen unterscheiden kann, kann sie nur einen einheitlichen Zinssatz von allen Individuen verlangen. Wie im letzten Abschnitt dargestellt wurde, kann es durch adverse Selektion dazu kommen, dass die S-Individuen von den R-Individuen aus dem Kreditmarkt gedrängt werden.

De Meza und Webb haben jedoch gezeigt, dass auch der umgekehrte Fall eintreten kann. Wenn Projekte der S-Individuen sozial effizient, die der R-Individuen jedoch ineffizient sind, induziert die Teilnahme der S-Individuen einen niedrigeren Zins. Dadurch kann es passieren, dass die R-Individuen ihre Projekte ebenfalls finanzieren können. Statt zu wenig Investitionen würde die asymmetrische Information zu übermäßiger Investition führen.[24]

Im Gegensatz zum Unterinvestitionsmodell unterscheiden sich die Erlösverteilungen der beiden Individuentypen im Modell von De Meza und Webb lediglich durch die Eintrittswahrscheinlichkeiten der verschiedenen Erlösrealisierungen. Im Erfolgsfall beträgt der Erlös für beide Individuen H, und im Falle eines Scheitern erzielen beide Individuen keinen Erlös. Die Erlösdichtefunktionen lauten folglich

$$f(R_i) = \begin{cases} p_i & \text{falls} \quad R_i = H \\ 1 - p_i & \text{falls} \quad R_i = 0 \end{cases}, \quad i = r, s. \tag{4}$$

[23]Vgl. Akerlof (1970) S. 488-592.

[24]Vgl. De Meza; Webb (1987) S. 281-289.

Dabei ist die Erfolgswahrscheinlichkeit der S-Individuen größer als die der R-Individuen ($p_s > p_r$). Daraus ergibt sich, dass der Erwartungswert des Erlöses für die S-Individuen ebenfalls größer als für die R-Individuen ist ($E(R_s) = p_s H > p_r H = E(R_r)$). Des Weiteren wird angenommen, dass das Projekt des S-Individuums ex-ante effizient ist ($p_s H > k$), das des R-Individuums jedoch nicht ($p_s H < k$).

In der First-Best-Lösung (bei symmetrischer und vollständiger Information) bietet die Bank zwei verschiedene Zinssätze für R- und S-Individuen an. Damit die Bank kostendeckend arbeiten kann, muss der Zinssatz für die S-Individuen $r_s = \frac{k}{p_s}$ und für die R-Individuen $r_r = \frac{k}{p_r}$ betragen. Es würde sich bei diesem Zins nur für die S-Individuen lohnen, einen Kredit zu beantragen, da nur für sie die Kreditkosten (für eine Kapitaleinheit) geringer sind als der Erlös im Erfolgsfall, d.h. $\frac{k}{p_s} < H < \frac{k}{p_r}$.

Wie jedoch in den vorhergehenden Modellen gezeigt wurde, kann ein solches Seperating-Gleichgewicht bei asymmetrischer Information über das Risiko der zu finanzierenden Projekte nicht existieren, da für die R-Individuen ein Anreiz besteht, sich als S-Individuen auszugeben. Bei asymmetrischer Information gibt es zwei mögliche Gleichgewichte. Im ersten möglichen Gleichgewicht ist die Teilnahmebedingung für beide Typen nicht erfüllt, da der gleichgewichtige Zinssatz den Erlös im Erfolgsfall übersteigt:

$$r = \frac{k}{\Pi p_s + (1 - \Pi) p_r} > H. \tag{5}$$

Folglich würde es weder zu einer Kreditvergabe noch zur einer Projektrealisierung kommen. Dies erinnert an den bereits geschilderten Fall von Unterinvestition. Es ist zu beachten, dass die Bank keinen niedrigeren Zins anbieten kann, da die R-Individuen dies sofort ausnutzen würden, und die Bank nicht mehr kostendeckend arbeiten könnte.

Im zweiten Fall ist die Teilnahmebedingung für beide Individuen erfüllt, d.h.

$$r = \frac{k}{\Pi p_s + (1 - \Pi) p_r} < H. \tag{6}$$

Dadurch werden beide Investitionstypen finanziert, obwohl nur die Projekte der S-Individuen sozial effizient sind. Dies ist möglich, weil die Partizipation der S-Individuen am Kreditmarkt einen niedrigeren Zins induziert. Es findet effektiv eine Quersubventionierung der R- durch die S-Individuen statt, wodurch es nach sozialen Effizienzkriterien zu einer Überinvestition kommt.

3.1.3 Kreditrationierungen

Im Stiglitz-Weiss-Modell *kann* es zu Kreditrationierungen durch adverse Selektion kommen. Das Modell basiert auf einer mit dem Zins nicht monoton steigenden Kreditangebotsfunktion (vgl. Abbildung 3). Wie kommt es zu einer solchen Angebotsfunktion? Stiglitz und Weiss haben die Idee der Kreditrationierungen als erste formalisiert. Ihr Modell wird im Folgenden dargestellt.[25]

Individuen unterscheiden sich hinsichtlich des Risikos θ des ihnen zur Verfügung stehenden Projekts, wobei θ von der Bank nicht beobachtet werden kann. Der Bank ist alleine die statistische Verteilung von θ in der Bevölkerung bekannt. Außerdem besitzen alle potentiellen Kreditnehmer einen identisches Pfand C, so dass ein Screening durch die Höhe des

[25]Vgl. Stiglitz; Weiss (1981), S. 395-397 und Freixas; Rochet (2006), S. 139-140.

Pfands (vgl. Abschnitt 4.2) nicht möglich ist.[26] Aufgrund beschränkter Haftung lautet der minimale Payoff des Individuums $-C$. Die insgesamt zu zahlende Zinslast beträgt B. Der Gewinn des Individuums ist eine Funktion des Erlöses R:

$$\pi(R) = \max(-C, R - B). \tag{7}$$

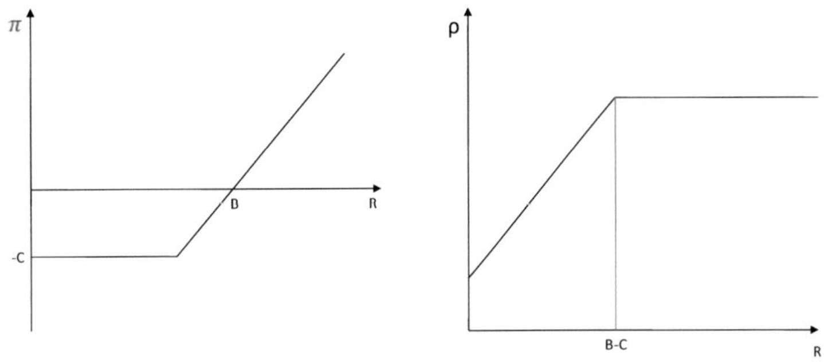

Abbildung 2: Die Gewinnfunktion der Bank und des Individuums. Die Gewinnfunktion des Individuums (links) ist eine konvexe Funktion von R. Die Erlösfunktion der Bank (rechts) ist eine konkave Funktion von R. Angelehnt an Stiglitz; Weiss (1981) S. 396.

Da es sich bei $\pi(R)$ um eine konvexe Funktion handelt (siehe Abbildung 2), ist $E[\pi(R)|\theta]$ eine steigende Funktion von θ, wenn das Risiko θ als eine Varianzerhöhung bei gleichbleibendem Mittelwert interpretiert wird.[27]

Wenn die Individuen einen Reservationsgewinn $\bar{\pi}$ haben, ergibt sich die Kreditnachfrage aus der Anzahl von Individuen mit erwarteten Gewinnen, die größer als $\bar{\pi}$ sind. Mit $E[\pi(R)|\theta]$ als steigender Funktion von θ folgt, dass ein θ^* existiert, für das gilt, dass $E[\pi(R)|\theta^*] = \bar{\pi}$. Es werden diejenigen Individuen Kredit nachfragen, deren θ in $[\theta^*; +\infty]$ liegt. Der Fall, dass alle Individuen oder kein Individuum Kredit nachfragten, wird nicht beachtet.

Wenn das Projekt erfolgreich verläuft, erhält die Bank die gesamte Kreditschuld. Scheitert das Projekt $R + C < B$, so erhält die Bank lediglich den erzielten Erlös mitsamt dem Pfand. Die Gewinnfunktion der Bank lautet daher

$$\rho(R, B) = \min(R + C; B). \tag{8}$$

Da $\rho(R, B)$ eine konkave Funktion von R ist (siehe Abbildung 2), ist der erwartete Bankgewinn $E[\rho(R, B)|\theta]$ eine abnehmende Funktion des Projektrisikos. Der Gewinn der Bank hängt zum einen von der Höhe der erhaltenen Zinsen zum anderen von der Zusammensetzung der Kreditnachfrager ab. Die beiden Faktoren sind jedoch nicht unabhängig voneinander.

Eine Zinserhöhung hat zwei gegenläufige Effekte. Zum einen führt sie zu höheren Zinseinnahmen bei Projekten, die erfolgreich verlaufen (Preis-Effekt), andererseits steigt das durchschnittliche Ausfallrisiko der beantragten Kredite (Risiko-Effekt). Das ist darauf zurückzuführen, dass der erwartete Gewinn des Individuums durch die höhere Zinslast sinkt,

[26] Wie im Originalmodell wird im Folgenden ebenfalls von einem positiven Pfand ausgegangen. Das Ergebnis der Kreditrationierung würde ohne eine Kreditbesicherung nur weiter verstärkt werden.
[27] Vgl. Stiglitz; Rothschild (1979) S. 229-231.

so dass das minimal nötige Risiko θ^* für einen erwarteten Gewinn, der oberhalb des Reservationsgewinns liegt, steigt. Dadurch beantragen einige Individuen mit relativ sicheren Projekten keinen Kredit mehr. Ob der Gewinn der Bank insgesamt fällt oder steigt, hängt davon ab, welcher der beiden Effekte überwiegt. Letztendlich ist die beschränkte Haftung die Ursache für den Verlauf der Gewinn- und Erlösfunktionen sowie der daraus resultiereden Risikopräferenz bei Kreditnehmern und Risikoaversion bei Banken:

> „In a world with simple debt contracts between risk-neutral borrowers and lenders, the presence of limited liablity of borrowers imparts a preference for risk among borrowers, and a corresponding aversion to risk among lenders. This is because limited liability on the part of borrowers implies that lenders bear all the downside risk. On the other hand, all returns above the loan repayment obligation acrues to borrowers. Raising interest rates then affects the profitablity of low risk borrowers disproportionately, causing them to drop out of the applicant pool. [...]"[28]

Das Ausmaß des adversen Selektionseffekts und damit der Verlauf der Gewinnfunktion hängt von der Risikoverteilung innerhalb der Bevölkerung ab. Im dargestellten Beispiel beginnt der Risikoeffekt ab der Zinshöhe r^* zu überwiegen, wodurch es zu einer eingipfligen Kreditangebotsfunktion kommt (vgl. Abbildung 3). Bei entsprechenden Nachfragefunktionen kommt es zu Kreditrationierungen.

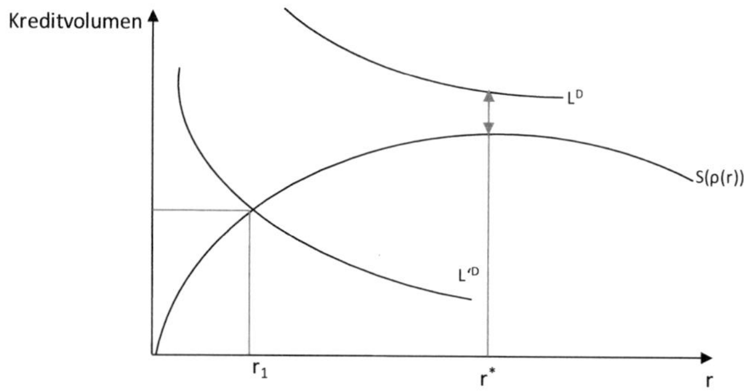

Abbildung 3: Kreditrationierungen bei adverser Selektion. Bei einer nicht monoton steigenden Kreditangebotsfunktion *kann* es bei einer entsprechenden Kreditnachfragefunktion zu Kreditrationierung kommen. Die Kreditangebotsfunktion ergibt sich aus einer entsprechend geformten Gewinnfunktion. Angelehnt an Freixas; Rochet (2006) S. 140.

3.2 Moral Hazard

Bei adversen Selektionsproblemen standen die Eigenschaften der Agenten, über welche nur diese selbst Informationen haben, im Vordergrund. Darüber hinaus können Probleme aus privater Information der Agenten über ihre Handlungen bzw. den Investitionsverlauf entstehen.

Es kann zwischen ex-ante und ex-post Moral Hazard unterschieden werden. In den untersuchten ex-ante Moral-Hazard-Problemen geht es um Handlungen, die die Kreditnehmer vornehmen, nachdem ihnen der Kredit zugeteilt und bevor der Erlös des Projektes realisiert wurde (vgl. Abschnitt 3.2.1 und 3.2.3). Bei den ex-post Moral-Hazard-Modellen wird

[28] Ghosh; Mookherjee; Ray (2000) S. 3.

der Frage nachgegangen, welche Konsequenzen Nicht-Beobachtbarkeit des Erlöses durch die Bank für Konsequenzen haben kann bzw. was für Anreize ein Individuum überhaupt hat, den Kredit zu begleichen, wenn es einen ausreichenden Erlös erzielt hat (vgl. Abschnitt 3.2.2).

3.2.1 Ex-ante Moral Hazard

Während in den adversen Selektionsmodellen die Erfolgswahrscheinlichkeit eines Projektes untrennbar mit dem Individuum verknüpft ist, kann das Individuum in den ex-ante Moral-Hazard-Modellen selbst auf die Erfolgswahrscheinlichkeit des Projektes Einfluss nehmen. In dem in diesem Abschnitt dargestellten Modell ist die von dem Individuum erbrachte Anstrengung sein disponibler Faktor bei der Projektdurchführung. In einem ähnlichen Modell ist der diskretionäre Handlungsspielraum des Individuums die Projektwahl (vgl. Abschnitt 3.2.3).[29]

Es gebe n identische Individuen, mit anfänglichem Wohlstand w. Sie können ein einperiodiges, unteilbares Projekt durchführen, das eine Investition in Höhe von K erfordert, wobei ihre eigenen Mittel dazu nicht ausreichen ($K > w$). Es wird angenommen, dass die Investition vollständig kreditfinanziert und der Wohlstand als Pfand verwendet wird. Dementsprechend werden die Individuen, um das Projekt durchführen zu können, einen Kredit $L = K$ beantragen. Im Falle eines Scheiterns erhält die Bank das Pfand. Die Wahrscheinlichkeit, dass das Projekt erfolgreich verläuft p, ist eine konkave, zweimal differenzierbare Funktion ihrer Anstrengung e, also $p = p(e)$ und $\frac{\partial p(e)}{\partial e} > 0$, $\frac{\partial^2 p(e)}{\partial e^2} < 0$. Bei erfolgreichem Verlauf des Projektes entsteht ein Erlös R in Höhe von H. Scheitert das Projekt, wird kein Erlös erzielt. Daraus ergibt sich die Erlösdichtefunktion

$$f(R) = \begin{cases} p(e) & \text{falls} \quad R = H \\ 1 - p(e) & \text{falls} \quad R = 0 \end{cases}. \tag{9}$$

Zunächst wird das Optimierungskalkül der Individuen für den Fall betrachtet, dass sie ihr Projekt aus eigenen Mitteln finanzieren. Zwar ist dies aufgrund der Annahme, dass ihr eigener Wohlstand zur Projektfinanzierung nicht ausreicht, im Modell eigentlich nicht möglich, dennoch kann dieser hypothetische Fall als Benchmark verwendet werden. Das Optimierungskalkül des Individuums lautet bei Selbstfinanzierung

$$\max_e \{p(e)H - e - K\}, \tag{10}$$

wenn aus der Anstrengung ein negativer Nutzen in Höhe der Anstrengung entsteht. Damit ergibt sich im Optimum

$$\frac{\partial p(e)}{\partial e} = \frac{1}{H}. \tag{11}$$

Das Optimierungskalkül bei einer kreditfinanzierten Investition lautet

$$\max_e \{p(e)(H - B) - (1 - p(e))(w) - e\}. \tag{12}$$

Im Optimum folgt

[29] Dieses Modell ist angelehnt an Ghosh; Mookherjee; Ray (1999) S. 5-12.

$$\frac{\partial p(e)}{\partial e} = \frac{1}{H + w - B} > \frac{1}{H}, \text{ wenn } w < B. \tag{13}$$

Da angenommen wurde, dass $p(e)$ eine konkave Funktion von e ist, korrespondiert eine höhere Grenzwahrscheinlichkeit $\frac{\partial p(e)}{\partial e}$ mit einer geringeren Anstrengung. Folglich ist die optimale Anstrengung für das Individuum im kreditfinanzierten Fall geringer als bei Selbstfinanzierung, solange der Kredit nicht vollständig von einem Pfand abgedeckt ist.[30]

Es kann weiterhin beobachtet werden, dass eine höhere Gesamtschuld B zu einer geringeren optimalen Anstrengung führt. Formal ist dies daran zu sehen, dass eine höhere Schuldlast B im fremdfinanzierten Fall die Grenzanstrengung $\frac{\partial p(e)}{\partial e}$ vergrößert (vgl. Gleichung 13) und dadurch eine im Optimum geringere Anstrengung generiert. Intuitiv kann der Zusammenhang folgendermaßen verstanden werden: „A higher debt burden reduces the borrower's payoff in the good state, but not in the bad state, dampening incentive to apply effort."[31]

Um den Einfluss der Zinslast auf die Entscheidung des Individuums über seine Anstrengung besser untersuchen zu können, werden einige Vereinfacherungen am Modell vorgenommen. Die kontinuierliche Funktion $p(e)$ wird durch eine diskrete Funktion ersetzt. Das Individuum kann jetzt eine Anstrengung e unternehmen oder nicht. Unternimmt es die Anstrengung, wird das Projekt mit Sicherheit einen Erlös H erzielen. Unternimmt es die Anstrengung nicht, wird Erlös H nur mit Wahrscheinlichkeit $p < 1$ erzielt, mit Wahrscheinlichkeit $(1 - p)$ wird kein Erlös erzielt. Die Anstrengung geht mit negativem Vorzeichen in die Nutzenfunktion ein. Außerdem wird angenommen, dass das Individuum eingangs keinen Wohlstand besitzt. Das Individuum ist risikoneutral und wird sich dementsprechend anstrengen, wenn sein erwarteter Gewinn mit Anstrengung größer ist als sein erwarteter Gewinn ohne Anstrengung.

$$H - R - e > p(H - R) \tag{14}$$

Damit das Individuum sich anstrengt, muss der Zinssatz folglich unterhalb von $\tilde{B} = H - \frac{e}{1-p}$ liegen. Eine Zinserhöhung kann also für die Bank ähnlich wie bei adverser Selektion negative Konsequenzen haben.

Unter bestimmten Voraussetzungen kann es zu einem ineffizienten Gleichgewicht kommen, in dem keine Kreditvergabe stattfindet. Wenn die Investition *nur* bei Anstrengung ex-ante effizient ist ($pH < k < H - e$) und die Kapitalkosten größer als die Anreizbedingung für Anstrengung sind ($k > H - \frac{e}{1-p}$) würde der kostendeckende Zins ($B > k$) dazu führen, dass die Individuen sich nicht anstrengen und nur ineffiziente Projekte durchgeführt werden, deren Erlös zur Bedienung des Kredits nicht ausreichen. Antizipiert die Bank dies, wird sie keinen Kredit mehr anbieten, und es kommt zu einem Gefangenendilemma.[32]

3.2.2 Ex-post Moral Hazard

Moral Hazard kann auch nach der Realisierung des Projekts entstehen. Während der Fo-

[30] Dies wird im Modell jedoch nicht eintreffen, da die erforderliche Investition und damit auch die gesamte Kreditschuld annahmegemäß größer als der Wohlstand des Individuums ist ($K > w$, $B > w$). Es gilt $B = K(1+r) > K$ solange der Zinssatz größer als -100% ist ($r > -1$), wovon realistischerweise auszugehen ist. Dementsprechend wird die Anstrengung ohne weitere Anreize *immer* niedriger als in der First-Best-Lösung ausfallen.

[31] Ghosh; Mookherjee; Ray (2000) S. 6.

[32] Vgl. Armendáriz de Aghion; Morduch (2005) S. 44-45.

kus in den vorherigen Modellen auf der *Fähigkeit* der Individuen lag, ihre Schulden zu begleichen, hängt die erzielte Rückzahlungsrate der Bank ebenfalls von der *Bereitschaft* der Individuen ab, ihre Schulden zu begleichen.

Ohne Sanktionsmechanismen seitens der Bank hat das Individuum keinen Anreiz, seine Kreditschuld zu begleichen. Sein Payoff bei einem solchen *strategischem* Nichtbedienen seiner Schulden ist dann nämlich in jedem Fall höher als bei Rückzahlung. Die Sanktionsmechanismen, die der Bank traditionell zur Verfügung stehen, sind finanzielle Sanktionen sowie die Verweigerung zukünftiger Kredite.[33]

Finanzielle Sanktionen sind in Entwicklungsländern jedoch aus verschiedenen Gründen problematisch. Zum einen ist die Kreditvergabe oftmals sozial motiviert, so dass eine finanzielle Sanktionierung der ohnehin Armen als nicht vertretbar wahrgenommen werden könnte. Ein anderer Grund ist darin zu sehen, dass finanzielle Sanktionen möglicherweise bei Armen weniger wirksam sind, wie Banerjee und Newman anführen:

> „[T]he poor are closer to the lower bound on their utility than the rest of the population. Consequently threats of punishment work less well against the poor than against others: the poor behave as if they have nothing to loose."[34]

Außerdem erschweren schwache institutionelle Rahmenbedingungen die Durchsetzung finanzieller Sanktionen.[35] Avanto merkt dazu an:

> „[E]nforcement mechanisms are typically weak in DCs [developing countries]. Both the judiciary and the executive are often extremely slow, inefficient and even ineffective in enforcing contracts."[36]

Bei schlecht ausgeprägten institutionellen Rahmenbedingungen (z.B. fehlendes Meldewesen) könnte für ein Individuum ein Anreiz entstehen, seinen Wohnsitz zu wechseln und zu hoffen, dass es nicht entdeckt wird. Es wird angenommen, dass der Erlös des Individuums in jedem Fall H beträgt. Die Wahrscheinlichkeit, dass das Individuum in seinem neuen Wohnsitz entdeckt wird, betrage η. Wird das Individuum entdeckt, wird der gesamte Erlös beschlagnahmt.[37] Folglich wird sich das Individuum nur ehrlich verhalten, wenn der Erwartungswert des Gewinns bei Begleichung der Kreditschuld größer ist als der erwartete Gewinn bei Wohnsitzwechsel[38]

$$H - B > (1 - \eta)H. \tag{15}$$

Es folgt, dass die Wahrscheinlichkeit, gefasst zu werden, größer als der Quotient aus Gesamtschuld und Erlös sein muss ($\eta > \frac{B}{H}$), damit für das Individuum ein Anreiz besteht, sich ehrlich zu verhalten. Die Zinsen sind damit in ihrer Höhe nach oben begrenzt, womit eine Deckung der entstehenden hohen Kosten unmöglich werden könnte, was eine Beschränkung der Kreditvergabe durch die Bank zur Folge hätte. In Entwicklungsländern ist η tendenziell

[33] Sanktionen der Bank durch die Verweigerung zukünftiger Kredite werden in Abschnitt 7.1 ausführlicher thematisiert.

[34] Banerjee; Newman (2001) S. 211.

[35] Vgl. Besely; Coate (1995) S. 3.

[36] Avato (2005) S. 11.

[37] Es wird angenommen, dass die Beschlagnahmung problemlos möglich ist. In Wirklichkeit stellen sie hier auf Grund der Ineffektivität der Behörden wieder neue Probleme (s.o.).

[38] Vgl. Banerjee; Newman (2002), S. 211.

geringer als in Industrieländern (s.o.). Durchsetzungskosten machen deshalb einen größeren Anteil der Kreditvergabekosten in Entwicklungsländern aus.[39]

3.2.3 Kreditrationierungen

Kreditrationierungen können auch durch die Nicht-Beobachtbarkeit der Projektwahl des Individuums entstehen. Es wird angenommen, dass die Individuen verschiedene Projekte mit unterschiedlichen Risiken durchführen können, nachdem ihnen der Kredit zugeteilt wurde. Die Projektwahl ist jedoch private Information des Individuums. Sichere Projekte liegen im Interesse der Bank, da ihr Erlös nur von der Erfolgswahrscheinlichkeit des Projekts abhängt,[40] von einem über $B = L(1 + r)$ hinausgehenden Erlös profitiert ausschließlich das Individuum. Stiglitz fasst den Leverage Effekt und die Konsequenzen für die Bank wie folgt zusammen:

> „The borrower is compensated for the extra risk associated with the risky project by a higher return when the project is successful, but the bank is not. The risky project has a lower probability of success and, hence, the bank has a lower chance of being repaid. Clearly if the bank could directly control the actions of the borrower, it would specify that the borrower undertake the safe project. It cannot, and this is the basic problem with incentives in credit markets."[41]

Demnach wird die Bank versuchen, die Durchführung sicherer Projekte über die ihr zur Verfügung stehenden Stellschrauben – den Zinssatz oder die Kredithöhe – zu induzieren. Das Risiko des gewählten Projekts[42] ist dann eine Funktion des Zinssatzes und der Kredithöhe.[43]

Allen wiederum besitzlosen und dadurch zur Projektrealisierung auf Kredite angewiesenen Individuen stehen zwei verschiedene Projekte zur Auswahl: Ein relativ sicheres Projekt mit der Erlösfunktion $R_S(L)$, dessen Erfolgswahrscheinlichkeit p_s beträgt, und ein risikoreiches Projekt mit der Erlösfunktion $R_R(L)$ und der Erfolgswahrscheinlichkeit p_r. Die Erfolgswahrscheinlichkeit des sicheren Projekts ist größer als die des unsicheren Projekts $(1 > p_s > p_r > 0)$. Der Output sei eine konkave Funktion des Investitionsvolumens, wobei die Fixkosten bei der risikoreichen Investition größer als bei der sicheren Investition sind $(\overline{L}_r > \overline{L}_s)$. Der Grenzerlös des risikoreichen Projekts ist jedoch im relevanten Bereich größer als der Grenzerlös der sicheren Investition, d.h. $R_r'(L) > R_s'(L)$, wenn $L > \overline{L}_r$. Die Bank ist für die Individuen die einzige Bezugsmöglichkeit für Kredite. Es entstehen der Bank Kapitalkosten in Höhe von $k \geq 1$.

Es wird weiterhin angenommen, dass der erwartete Gewinn des sicheren Projekts – bei gleicher Investitionshöhe – immer größer als der erwartete Gewinn des risikoreichen Projekts ist, also

$$R_s(L)p_s - (1 + r)L > R_r(L)p_r - (1 + r)L \qquad \forall L > \overline{L}_r. \tag{16}$$

Ein risikoneutrales Individuum würde mit seinen eigenen Mittel somit immer das sichere Projekt durchführen. Außerdem wird angenommen, dass alle Individuen identisch sind, und

[39] Vgl. Hoff; Stiglitz (1998) S. 486.

[40] Dies gilt unter der Voraussetzung, dass das finanzierte Projekt im Falle eines Erfolges einen zur Bedienung der Kreditschuld ausreichend hohen Erlös erzielt.

[41] Stiglitz (1990) S. 356.

[42] Das Risiko wird wiederum als Varianzerhöhung mit konstantem Mittelwert im Sinne verstanden vgl. Rothschild; Stiglitz (1970).

[43] Vgl. Stiglitz (1990), S. 353-359.

die erforderliche Anstrengung ausschließlich von der Kredithöhe bestimmt wird. Damit beträgt die (additiv seperable) Neumann-Morgenstern-Nutzenfunktion[44] für ein Individuum

$$V(L,r) = U\left[R_i(L) - (1+r)L\right] p_i - v(e(L)),\ i = r, s, \tag{17}$$

wobei der Grenznutzen positiv ist, aber mit zusätzlichem Einkommen sinkt, also $U'(R) > 0$, $U''(R) < 0$. Der negative Grenznutzen, der aus der erforderlichen Anstrengung entsteht, ist positiv und steigt mit größer werdendem Arbeitsaufwand, d.h. $v'(e) > 0$, $v''(e) > 0$.

Die Switch-Linie kann als die Kombinationen von (L, r) definiert werden, für die ein Individuum indifferent zwischen dem sicheren und dem risikoreichen Projekt ist ($V_s(L,r) = V_r(L,r)$). Bei konstantem r erhöht ein Anstieg von L die Attraktivität des risikoreichen Projekts, da der Grenznutzen zusätzlichen Kredits bei der risikoreichen Investition größer ist ($\frac{\partial V_r}{\partial L} > \frac{\partial V_s}{\partial L}$). Umgekehrt ist der aus einer Zinsabsenkung für das sichere Projekt resultierende Nutzengewinn größer als der für das risikoreiche Projekt ($\frac{\partial V_s}{\partial r} < \frac{\partial V_r}{\partial r} < 0$). Damit die Individuen indifferent zwischen sicheren und risikoreichen Investitionen bleiben, muss eine Ausweitung des Kreditvolumens folglich mit einer Absenkung des Zinsniveaus einhergehen. In einem Diagramm mit einer Abszisse L und einer Ordinate r, hat die Switch-Linie somit eine negative Steigung.

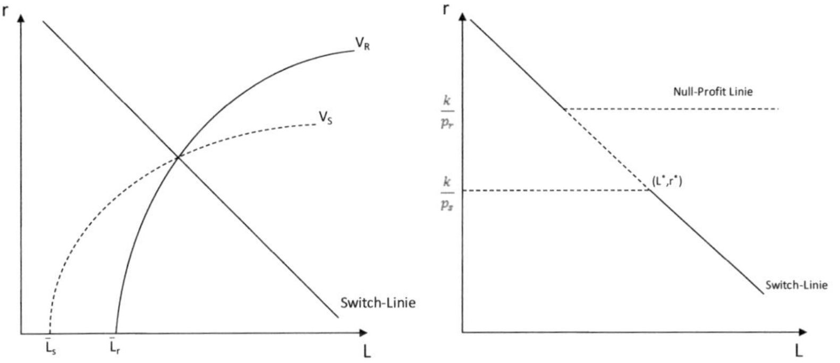

Abbildung 4: Kreditrationierungen durch nicht-beobachtbare Projektwahl. Auf allen Punkten der Switch-Linie ist ein Individuum indifferent zwischen einer risikoreichen und einer sicheren Investition. Die Switch Linie ist negativ geneigt, da ein niedrigerer Zins c.p. die Attraktivitität des sicheren Projekts steigen lässt und ein höherer Lohn c.p. die Attraktivität des risikoreichen Projekts erhöht. Die Null-Profit Linie folgt aus den kostendeckenden Zinssätzen im Falle von ausschließlich sicheren oder ausschließlich risikoreichen Projekten. Angelehnt an Stiglitz (1990), S. 357.

Wie bereits angeführt wurde, ist die Bank daran interessiert, dass die Individuen sichere Projekte durchführen. Demnach wird sie Kontrakte (L, r) anbieten, die unterhalb der Switch-Linie liegen. Wenn die Bank vollständigem Wettbewerb unterliegt, wird sie Kredite außerdem kostendeckend anbieten. Die Bank wird also Kontrakte anbieten, die a) auf der Null-Profit-Linie liegen und b) sich auf oder unterhalb der Switch-Linie befinden. Bei gegebenem Zins $\frac{k}{p_s}$ maximieren die Individuen ihren Nutzen durch eine Ausweitung des Kreditvolumens. Es entsteht folglich ein Gleichgewicht in (L^*, r^*) (vgl. Abbildung 4).

Zu diesem Zinssatz würden einige Individuen gerne einen höheren Kredit beantragen. Da ihnen aber im Modell kein Commitment-Mechanismus zur Verfügung steht, mit dem sie sich glaubwürdig verpflichten könnten, nur sichere Projekte durchzuführen, begrenzt die

[44]Zur Von Neumann-Morgenstern Nutzenfunktion vgl. Laffont; Martimort (2002) S. 59 ff.

Bank das Volumen der vergebenen Kredite.

4 Standardlösungen und Grenzen ihrer Anwendung in Entwicklungsländern

4.1 Informationssysteme

Bestünde symmetrische, vollständige Information über die Eigenschaften von Kreditnehmern, könnte in den adversen Selektionsmodellen die First-Best-Lösung realisiert werden, in der alle effizienten Projekte (und auch nur diese) finanziert werden (vgl. Abschnitt 3.1). Dabei würde jeder Kreditnehmer genau den seinem Risiko entsprechenden Zinssatz erhalten, und Kreditrationierungen würden nicht länger fortbestehen. Vollständige Information ist in der Realität zwar unerreichbar, dennoch können Kreditbüros dabei helfen, asymmetrische Information zu vermindern und das Kreditrisiko besser einzuschätzen. Durch diesen *Screening-Effekt* werden Individuen mit zu risikoreichen Projekten von der Kreditvergabe ausgeschlossen, so dass der adverse Selektionseffekt vermindert wird, gleichgewichtige Zinsen sinken und Kreditrationierungen nachlassen.

Kreditbüros haben noch einen weiteren positiven Effekt. Wenn die Kreditnehmer wissen, dass ihr Verhalten überwacht und gespeichert wird, werden sie versuchen, einen negativen Eintrag zu vermeiden, um später weiterhin Kredite erhalten zu können. Es entsteht also auch ein *Anreiz-Effekt*, der Moral Hazard vermindert.[45]

Die ersten Kreditbüros sind in der ersten Hälfte des neunzehnten Jahrhunderts in den USA entstanden. Dies führte zu einer Ausweitung der Kreditvergabe und hatte erhebliche Auswirkungen auf die Geschäftskultur der USA.[46]

Es konnte empirisch gezeigt werden, dass die Einführung von Kreditbüros zu niedrigeren Zinsen und einer Ausweitung des Kreditvolumens führt, wobei dieser Zusammenhang besonders stark in Ländern mit schwach ausgeprägten Rechtsinstitutionen ausfällt.[47]

Prinzipiell kann zwischen drei verschiedenen Stufen des Informationsaustausches unterschieden werden. Auf der niedrigsten Stufe findet überhaupt kein Informationsaustausch statt. Dies führt dazu, dass Individuen Schwierigkeiten haben, die Sicherheit ihres Projektes zu signalisieren. Dadurch kann es zu einer Quasi-Monopolstellung der informellen Kreditgeber und einer Segmentierung des Kreditmarkts kommen, was in informellen Kreditmärkten von Entwicklungsländern häufig beobachtet werden kann (vgl. Abschnitt 5.2.1). Auf der zweiten Stufe findet Informationsaustausch zwischen den Finanzinstitutionen statt, allerdings nur über negativ bewertetes Verhalten der Kreditnehmer. In diesem Fall werden die positiven Auswirkungen sowohl des *Screening-* als auch des *Anreiz-Effekts* realisiert – insofern die Kreditnehmer über den Vorgang informiert sind. Auf der dritten Ebene werden Informationen über negatives und positives Verhalten der Kreditnehmer ausgetauscht. Neben den beschriebenen Effekten, kann es die Sammlung positiver Daten dem Kreditnehmer ermöglichen, eine Reputation aufzubauen, wodurch der gleichgewichtige Zins im Ergebnis weiter sinken und einer Überschuldung vermieden werden kann.[48]

[45] Vgl. McIntosh; Wydick (2004) S. 4.
[46] Vgl. Olegario (2003) S. 118.
[47] Vgl. Brown et al. (2007) S. 26.
[48] Vgl. Luoto et al. (2004) S. 8.

Es bleibt festzuhalten, dass Kredit-Informationssysteme in Entwicklungsländern trotzdem weiterhin eine Ausnahme sind.[49] Dies kann insbesondere vor dem Hintergrund steigenden Wettbewerbs unter MFI zu gravierenden Problemen führen, wie die Krise der MFI in Bolivien gezeigt hat.[50]

Pagano und Jappelli entwickeln ein theoretisches Modell, mit dem das Auftreten von Kreditbüros erklärt werden kann.[51] Kreditbüros sind in dem Modell kooperative Organisationen, deren Zweck der Informationsaustausch über die Kredithistorien von Kreditnehmern ist. Die Mitgliedschaft in einem Kreditbüro ermöglicht den Zugang zu den Informationen der anderen Mitglieder im Austausch gegen die eigenen Informationen. Anreize zum Informationsaustausch fallen stark aus, wenn es eine große Anzahl potentieller Kreditnehmer gibt, über welche die Bank keine Informationen hat. Dies wird bei hoher Kreditnehmermobilität der Fall sein. Eine den Anreiz zum Informationsaustausch verstärkende Wirkung geht ebenfalls von der Größe des Kreditmarkts aus.[52] Da Mobilität der potentiellen Kreditnehmer und Größe des Kreditmarkts in Entwicklungsländern eher gering sind, liefert das Modell eine Erklärung für das geringe Auftreten von Kreditbüros.

4.2 Kreditbesicherungen

Es kann generell zwischen Personen- und Sachsicherheiten unterschieden werden. Eine Personensicherheit zeichnet sich „durch einen persönlichen, d.h. schuldrechtlichen, obligatorischen Anspruch gegen den Sicherungsgeber aus“.[53] Eine Sachsicherheit hingegen zeichnet sich „im dinglichen, also gegenüber jedermann wirkenden, Recht des Sicherungsnehmers am Sicherungsmittel, welches durch eine Immobilie, ein Recht und nach überwiegender Auffassung auch durch eine Mobilie verkörpert werden kann.“[54] Es soll nun die Anreizwirkung einer Sachsicherheit, die im weiterhin als Pfand bezeichnet wird, untersucht werden.

4.2.1 Pfand

Ein Pfand kann die in Abschnitt 3 beschriebenen Probleme abmildern. Besteht beispielsweise Unklarheit über die Eigenschaften der Kreditnehmer (vgl. Abschnitt 3.1.1), kann ein Pfand einen niedrigeren Zins induzieren und damit ggf. ein Gleichgewicht vermeiden, in dem effiziente Projekte nicht finanziert werden. Die Kostendeckungsbedingung für den Fall, dass R- und S-Individuen Kredit nachfragen und ein Pfand C hinterlegen, lautet bei einem Kredit von einer Geldeinheit $(p + (1 - p)C)r = k$, mit $p \equiv \Pi p_s + (1 - \Pi)p$, woraus sich ein gleichgewichtiger Zins in Höhe von

$$r_c = \frac{k}{p + (1 - p)C} \tag{18}$$

ergibt. Dieser Zins ist geringer als der im Gleichgewicht ohne Pfand erhobene Zins $\left(r = \frac{k}{p}\right)$, solange $(1 - p)C > 0$.

Ebenso kann ein Pfand c.p. eine höhere Anstrengung induzieren, indem er den erwarteten Gewinn bei fehlender Anstrengung (vgl. Abschnitt 3.2) vermindert. Ist der Kredit besichert, lautet die Anreizbedingung, damit die Anstrengung e unternommen wird,

[49]Vgl. Luoto et al. (2004) S. 5-6.
[50]Zur Krise der MFI in Bolvien vgl. Rhyne (2001) S. 144-146.
[51]Vgl. Pagano; Jappelli (1993) S. 1695-1705.
[52]Vgl. Pagano; Jappelli (1993) S. 1713-1714.
[53]Larisch (2002) S. 11.
[54]Larisch (2002) S. 12.

$$H - B - e > p(H - B) - (1 - p)C. \quad (19)$$

Die Schuldgrenze unterhalb derer die Gesamtschuld liegen muss, damit der Kreditnehmer sich anstrengt, steigt auf $\tilde{B} = H + C - \frac{e}{1-p}$.

Ein ähnliches Bild ergibt sich bei ex-post Moral Hazard (vgl. Abschnitt 3.2.2). Ein hohes Pfand vermindert den Anreiz für das Individuum, seine Schuld nicht zu bedienen, indem der erwartete Gewinn bei Nicht-Bedienung vermindert wird. Wenn das Individuum ein Pfand hinterlegt, wird es seine Schulden bei Geltung folgender Anreizbedingung bedienen:

$$H - B > (1 - \eta)H - C. \quad (20)$$

Dementsprechend wird das Individuum den Kredit begleichen, wenn $\eta > \frac{B-C}{H}$. Durch das Pfand wird das Individuum seiner Verpflichtung, auch bei einer niedrigeren Wahrscheinlichkeit, entdeckt zu werden, nachkommen. Außerdem kann der Zins auf ein höheres Niveau steigen, so dass auch Kredite bei höheren Kosten angeboten werden.

Ein Pfand kann auch als Screening-Mechanismus verwendet werden, wie Bester als Antwort auf Stiglitz und Weiss zeigt, die in in ihrem Modell herleiten, dass risikoaverse Kreditnehmer den Kreditmarkt bei einem Anstieg der Kollateralerfordernis c.p. verlassen.[55] Es wird die Tatsache ausgenutzt, dass Individuen Pfand und Zinsen gemäß ihres Risikos unterschiedlich bewerten.[56] Die Bank bietet verschiedene Kreditkontrakte $\gamma_i = (r_i, C_i)_{i \in I}$ an, die einen Zins r_i und ein Pfand C_i festlegen. Es gebe zwei Risikotypen: S-Individuen mit Risiko θ_s und R-Individuen mit Risiko θ_r (für die Interpretation des Risikos vgl. Abschnitt 3.1.3), wobei $\theta_s < \theta_r$. Die Bank bietet Kontrakte an, die bei dem jeweiligen Risiko einen erwarteten Erlös ρ erzielen, der die Kapitalkosten deckt, d.h. $\rho_s(\gamma_s) = \rho_r(\gamma_r) = k$. Es wird angenommen, dass die Besicherung des Kredits mit Kosten verbunden ist (z.B. Monitoring-Kosten), weshalb die Indifferenzkurven der Individuen steiler verlaufen als die Nullprofitkurven der Bank (vgl. Abbildung 5). Eine Pfandeinheit kostet ein Individuum mehr, als sie der Bank einbringen kann.

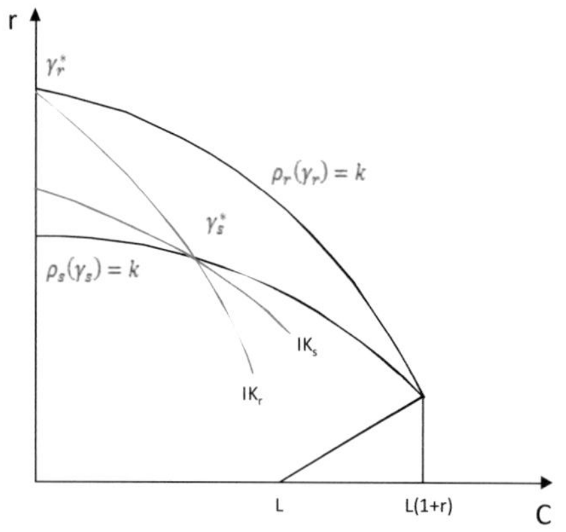

Abbildung 5: Screening-Mechanismus durch Pfand. Angelehnt an: Bester (1985) S. 853.

[55]Vgl. Bester (1985) S. 850-854.

[56]Auf ein ähnliches Prinzip wird in Abschnitt 6.1.1 bei Lösung des adversen Selektionsproblems durch Gruppenkredite zurückgegriffen.

In Abbildung 5 liegt die Nullprofitkurve für R-Individuen oberhalb der Nullprofitkurve für S-Individuen. Weiter oben liegende Kurven repräsentieren bei konstantem Risiko einen höheren Profit der Bank. Die höhere Ausfallwahrscheinlichkeit der R-Individuen muss durch einen höheren Zins oder Pfand kompensiert werden. Die Indifferenzkurven der R-Individuen IK_r verlaufen steiler als die der S-Individuen IK_s, weil eine Zinsreduktion mehr positiven Nutzen für die S- als für die R-Individuen generiert. Da die Wahrscheinlichkeit, den Zins auch bezahlen zu müssen, für die S-Individuen relativ hoch ist, bewerten sie eine Zinsreduktion positiver als die R-Individuen. Bietet die Bank nun die beiden Kontrakte γ_s^* und γ_r^* an, so entsteht ein Seperating-Gleichgewicht. Für das S-Individuum ist der Kontrakt in γ_s^* strikt besser als der Kontrakt in γ_r^*, während das R-Individuum indifferent zwischen den beiden Kontrakten ist.

Damit sind die dargestellten adversen Selektionsprobleme, die aus der Unfähigkeit der Bank entstehen, zwischen den Individuentypen zu unterscheiden, prinzipiell lösbar, da der Kern des Problems beseitigt wäre.

In Stilgitzs Moral Hazard Modell aus Abschnitt 3.2.3 lautet die Nutzenfunktion des Individuums bei einem besicherten Kredit

$$V(L,r,C) = U\left[R_i(L) - (1+r)L\right]p_i - (1-p_i)C - v(e(L)),\ i = r,s. \tag{21}$$

Das Individuum wird sich für das sichere Projekt entscheiden, wenn

$$U\left[R_s(L) - (1+r)L\right]p_s > U\left[R_r(L) - (1+r)L\right]p_r + \underbrace{(p_r - p_s)}_{<0}C. \tag{22}$$

Da $p_r > p_s$, vermindert das Pfand die Attraktivität des risikoreichen Projekts. Das Individuum wird c.p. eher geneigt sein, das sichere Projekt durchzuführen. Dies entspricht einer Rechtsverschiebung der Switch-Kurve (vgl. Abbildung 4), womit Kreditrationierungen durch ein Pfand in diesem Modell zumindest reduziert werden können.[57]

Auch wenn das Pfand prinzipiell eine gute Möglichkeit ist, die geschilderten Probleme asymmetrischer Information in den Griff zu bekommen, ist seine Anwendbarkeit naturgemäß auf die Kreditnehmer beschränkt, die ein Pfand in ausreichender Höhe aufbringen können. Besonders die Ärmsten der Armen haben dazu jedoch selten genug Kapital.

Da formale Screening- und Monitoring-Möglichkeiten in Entwicklungsländern oft sehr eingeschränkt sind, verlassen sich die Banken oft in besonderem Maße auf Pfände, meistens in der Form von Land.[58] Dies hat dazu geführt, dass Wirtschaftssubjekte mit – innerhalb des Landes – überdurchschnittlich hohem Einkommen einen besseren Zugang zum formellen Finanzsektor haben. So lag das durchschnittliche Pro-Kopf-Einkommen der Wirtschaftssubjekte in Thailand, die Zugang zum formellen Finanzsektor hatten, in den 1980er Jahren 30% oberhalb des landesweiten Durchschnittseinkommens.[59]

Die Vorteile, die von der Besicherung von Krediten ausgehen, sind ein Beispiel für den Teufelskreis, der von Armut ausgeht. Die mangelnde Fähigkeit von Armen, ein Pfand bereitzustellen, reduziert ihre Möglichkeiten, der Armut zu entkommen:

„Borrowers who have greater wealth to put up as collateral obtain cheaper

[57]Vgl. Bester; Hellwig (1987), S. 10-12.

[58]Nicht jedoch die informellen Kreditgeber – diese können die Kreditwürdigkeit der Kreditnehmer gut einschätzen, Zahlungen durchsetzen und die Kreditnehmer effektiv überwachen.

[59]Vgl. Hoff; Stiglitz (1990) S. 242-243.

credit, have incentives to work harder, and earn more income as a result. Existing asset inequalities within the borrowing class are projected and possibly magnified into the future by the operation of the credit market, a phenomenon that may cause the persistence of poverty."[60]

Ein anderer Grund, weshalb Individuen in EL oftmals Schwierigkeiten haben, ihren Besitz als Pfand zu verwenden, ist in schlecht entwickelten rechtlichen Rahmenbedingungen zu sehen, die die Verwendung von Eigentum als Pfand erschweren. Eine Verbesserung der Eigentumsrechte wird deshalb als Möglichkeit angeführt, die Effizienz von Finanzmärkten in Entwicklungsländern zu verbessern.[61]

4.2.2 Bürgschaft

Ein Beispiel für eine Personensicherheit ist die Bürgschaft. Die Bürgschaft ist eine der wohl ältesten Sicherungsformen. Sie ist ein einseitig verpflichtender Vertrag, bei dem sich ein weiteres Individuum bereit erklärt, die Kreditschuld des anderen Individuums teilweise oder ganz zu tragen, falls dieses dazu selbst nicht in der Lage ist. Durch die Bürgschaft wird der Bank eine Risikoabsenkung in ähnlicher Weise wie bei einem Pfand ermöglicht. Hinzu kommt jedoch im Unterschied zum Pfand, dass vom Bürgen ein sozialer Druck ausgehen könnte, der die Bereitschaft des Kreditnehmers erhöht, seinen Kredit zu begleichen. Diese Anreizwirkung dürfte im Wesentlichen der eines Gruppenkredits entsprechen (vgl. Abschnitt 6.2.3), auch wenn die interpersonellen Anreize und Sanktionen nicht symmetrisch sind. Ausschlaggebend für den Wert einer Bürgschaft ist die Kreditwürdigkeit des Bürgen.[62] Es stellt sie die Frage, weshalb Bürgschaften nicht die Bedeutung in Entwicklungsländern erlangt haben, die Gruppenkrediten derzeit zukommt. Ein Grund könnte in der Eigenart sozialer Netzwerke liegen. Da soziale Netzwerke in der Regel aus Individuen mit relativ homogenem Vermögen und ähnlicher Kreditwürdigkeit bestehen, könnte die Wirkung von Bürgschaften auf eine Abmilderung der Kreditmarktsegmentierung in Entwicklungsländern gering ausfallen.

Ein weiteres Problem von Bürgschaften in Entwicklungsländern sind die bereits angesprochenen schlechten institutionellen Rahmenbedingungen, die eine Durchsetzung von Verträgen erschweren und dadurch ihr Zustandekommen vielleicht auch verhindern.

Es fragt sich, was für Anreize für ein Individuum überhaupt bestehen, eine Bürgschaft zu übernehmen. Das Individuum übernimmt das Kreditrisiko des Individuums für das es bürgt, hat aber zunächst keinen offensichtlichen Nutzen aus dieser Handlung. Zwar könnte eine Absprache zwischen den Individuen dahingehend getroffen werden, dass das Individuum für das gebürgt wurde, später das Gleiche für das jetzt bürgende Individuum tut, aber solche Absprachen sind ex-post schwierig durchzusetzen. Diese Überlegungen legen nahe, dass ein wichtiger Nutzen von Gruppenkrediten durch das Zusammenbringen der Individuen und ermöglichte Sofortigkeit der Gegenleistung entsteht.

4.3 Folgen für die Kreditmärkte in Entwicklungsländern

Das weitgehende Versagen der Standardlösung zur Vermeidung des Vermögensverschiebungsrisikos in Entwicklungsländern führt zu Kreditrationierungen im formellen Sektor. Da

[60]Ghosh et al. (1999) S. 4.
[61]Vgl. De Soto (2000) S. 49 ff., ebenso Besley (1994) S. 31.
[62]Vgl. Larisch (2002) S. 20-21.

die Nachfrageseite von den unbeseitigten Informationsasymmetrien nicht beeinflusst wird, kommt es zu einem Kreditnachfrageüberhang. Dieser wird vom informellen Sektor gedeckt, welcher gegenüber dem formellen Sektor Informationsvorteile hat.

> „ [...] the local moneylenders have one important advantage over the formal institutions: they have more detailed knowledge of the borrowers. They therefore can separate out high-risk and low risk borrowers and charge them appropriate interest rates; and they can monitor the borrowers more effectively, making sure that the funds are used productively and thus lowering the default rate."[63]

Aufgrund der Abwesenheit von Kreditinformationssystemen müssen sich formelle Finanzinstitutionen auf beobachtbaren Wohlstand bei der Einschätzung und Begrenzung des Kreditrisikos verlassen. Dies hat zur Folge, dass vor allem die (innerhalb des Entwicklungslandes) finanziell Schwächeren von Kreditrationierungen seitens des formellen Sektors betroffen werden. Diese Tendenz wird dadurch verstärkt, dass der Erlös der Bank – aufgrund der von der Kredithöhe relativ unabhängigen Transaktionskosten pro Kredit – c.p. eine steigende Funktion der Kredithöhe ist.[64]

Tabelle 1: Kreditbereitstellung durch den formalen Sektor

Land	Kredit der durch den formellen Bankensektor bereitgestellt wird (% des BIP)
Bangladesch	38,7
Indien	54,7
Malawi	13,4
Mali	17,1
Mexiko	24,7
Nigeria	18,0
Philippinen	63,1
Senegal	24,7
Sri Lanka	47,1
Zamibia	51,6
Länder mit niedrigem Einkommen	45,1
Länder mit mittlerem und niedrigem Einkommen	68,7
Länder mit hohem Einkommen	172,9

Quelle: World Bank (2003) *World Development Indicators*, Wahington D.C. nach Avato (2005) S. 3

Teil II

Mikrokredite

5 Entwicklung der Mikrokredite

Mit Mikrofinanz ist das Angebot von Finanzdienstleistungen für Menschen gemeint, die üblicherweise auf Grund von geringem Vermögen von Banken als Kunden nicht akzeptiert werden. Die Finanzdienstleistungen beinhalten in der Regel Möglichkeiten zu sparen und

[63] Stiglitz (1990) S. 352.
[64] Vgl. Braverman; Guasch (1986) S. 1255.

Kredite aufzunehmen. Einige MFI bieten auch Versicherungen, Beratung und/oder Ausbildung an. Ziel für viele MFI ist es, zumindest langfristig kostendeckend zu arbeiten. Der Fokus dieser Arbeit beschränkt sich weitestgehend auf Mikrokredite.[65]

In diesem Abschnitt wird die Entwicklung der Mikrokredite beschrieben: von ihren Anfängen in den Raiffeisen-Genossenschaften über die staatlichen und hochsubventionierten Kreditprogramme der 1970er und 1980er bis hin zu den auf finanzielle Unabhängigkeit ausgerichteten Mikrokreditprogrammen heutiger Zeit .

5.1 Die Anfänge

Die ersten Institutionen, die aus heutiger Sicht als MFI bezeichnet werden können, entstanden Mitte des neunzehnten Jahrhunderts in Deutschland. Die Raiffeisen-Genossenschaften waren in ihrer Mitgliedschaft auf einen kleinen Bezirk beschränkt. Ihr Ziel war es, in erster Linie kleineren, unabhängigen Bauern durch das Angebot von Finanzdienstleistungen im weiteren Sinne zu helfen.

Es wurde Wert darauf gelegt, dass die Genossenschaft allen, selbst den ärmsten Mitgliedern der Gemeinschaft, offenstand. Die Anzahl der Raiffeisen-Genossenschaften stieg im Verlauf des neunzehnten und frühen zwanzigsten Jahrhunderts rapide an (vgl. Tabelle 2), was ein Hinweis auf ihre Profitabilität ist.[66]

Tabelle 2: Wachstum der Raiffeisen-Genossenschaften von 1865 bis 1913

Jahr	1865	1870	1875	1880	1885	1890	1895	1900	1905	1910	1913
Anzahl	2	20	68	121	245	713	980	2983	3850	4165	4415

Quelle: Prinz (2003) S. 7.

5.2 Mikrokredite erster Generation

5.2.1 Ausgangspunkt

Ein Grund für die in den 1970er Jahren aufgekommene Popularität von Mikrokrediten ist in der Erfolglosigkeit der Entwicklungspolitik der 1950er und 1960er Jahre zu sehen, die massiv versuchte Großindustrien in Entwicklungsländern aufzubauen. Die zentralistisch geplanten Industrien hatten jedoch aufgrund oftmals nicht vorhandener komparativer Vorteile nicht den gewünschten Effekt, die Armut in den jeweiligen Ländern zu reduzieren. Monetäre und gesellschaftliche Ungleichheiten schienen sich sogar eher noch zu verschärfen. Von Mikrokrediten wurde sich eine direkte Bekämpfung der Armut ohne die Notwendigkeit von „trickle down“ Effekten versprochen.[67]

Ein weiteres Argument für einen Eingriff in den Kreditmarkt lieferten die oftmals als ausbeuterisch bezeichnete Praxis der informellen Kreditgeber und die im Vergleich zum formellen Sektor sehr hohen Zinsen. Außerdem waren die informellen Kreditgeber bei ihrer Kreditvergabe oft sehr restriktiv, so dass große Teile der ländlichen Bevölkerung nicht in der Lage waren, Kredite aufzunehmen.[68]

[65]Vgl. Ledgerwood (1999), S. 1.
[66]Vgl. Prinz (2003) S. 9-10.
[67]Vgl. Terberger-Stoy (2001) S. 51-52.
[68]Vgl. Aleem (1990) S. 335.

In Indien gab es Anfang des 20. Jahrhunderts eine beträchtliche Anzahl informeller Kreditgeber, deren Ziel es war, sich das Pfand des Kreditnehmers anzueignen. Dazu vergaben sie Kredite, die so hoch verzinst waren, dass sie für den Kreditnehmer kaum zu bezahlen waren. Oft wurden Notsituationen der Kreditnehmer ausgenutzt.[69] Yunus berichtet kritisch über die harsche Praxis der lokalen Kreditgeber in Bangladesch:

> „Usurious rates have become so standardized and socially acceptable in Third World countries that the borrower rarely realizes // how oppressive a contract is. Exploitation comes in many guises. In rural Bangladesh, one *maund* (approximately 37 kilograms) of husked rice borrowed at the beginning of the planting season has to be repaid with two *maunds* at harvest time. When land is used as security, it is placed at the disposal of the creditor, who enjoys ownership rights over it until the total amount is repaid. In many cases, a formal document such as a *bawnanama* establishes the right of the creditor. According to the *bawnanama*, the creditor usually refuses to accept any partial payment of the loan. After the expiration of a certain period, it also allows the creditor to 'buy' the land at a predetermined 'price'. Another form of security is the *dadan* system, in which traders advance loans against standing crops for purchase of the crops at predetermined prices that are below the market rate. [...] In Bangladesh, the borrowing is sometimes made for specific and temporary purposes [...], but sometimes it is necessary for physical survival – to purchase food or medication or to meet some emergency situation. In such cases, it is extremely difficult for the borrower to extricate himself or herself from the burden of the loan. Usually the borrower will have to borrow again just to repay the prior loan and will ultimately wind up in a cycle of poverty[...].“[70]

Analphabetismus und mangelndes Wissen über die rechtlichen Rahmenbedingungen können von Geldleihern dazu benutzt werden, die Kreditnehmer in Zwangsarbeit zu treiben:

> „Sarjunu Bumihar has been bonded to Lachaman Sahu of Marda village in the Bhardaria block of Palamau District (south Bihar). Initially he borrowed 40 (kilograms) of paddy in 1972 from the Mahajan (moneylender) for consumption purposes. He agreed to work for the Mahajan [...] until the time he repays the debt. But, poor Sarjunu did not know the economics of the Mahajan. The interest charged was 100 percent for the first year, i.e. 40 kg paddy borrowed in 1972 became 80 kg in 1973 and at compound interest rate in 1974 became 160 kg. Compelled by the circumstances he had to borrow 40 kg of paddy again in 1974 at the same compound interest rate [...] For a poor landless person like Sarjunu, having no avenues of other income, it is just impossible to pay back, under these circumstances. He has to work throughout the year [for the moneylender]. In case of absence some amount is deducted from his pay (which was 8 rupees per month, or 89 cents, plus a small amount of grain).“[71]

Robinson[72] bietet einen Überblick über die von informellen Kreditgebern in Entwicklungsländern typischerweise erhobenen Zinsen (vgl. Tabelle 3), die meistens weit oberhalb der im formellen Sektor üblichen Zinsen liegen.

Hohe Zinsen der informellen Geldleiher müssen nicht aus schlechten Absichten entstehen, sondern konnten die Folge eines hohen Risikos sein, dem der informelle Kreditgeber

[69] Zum sog. *predatory lending* vgl. Helms; Reille (2004) S. 4.
[70] Yunus (1999) S. 48-49 (Hervorhebungen im Original).
[71] Indian School of Social Sciences (1976) *Bonded Labor in India,* India Book Exchange, Calcutta; Zitat nach Robinson (2001) S. 178-179.
[72] Vgl. Robinson (2001) S.199-200.

Tabelle 3: Von Geldleihern typischerweise erhobene Zinsen

Zinsen	<5%	5-9%	10-24%	25-49%	50-100%	100-1000%	>1000%
Auftreten	3%	7%	53%	11%	4%	18%	4%

In der Tabelle sind ausverschiedenen Studien entnommene typische Zinssätze in aggregierter Form dargestellt, die von informellen Kreditgebern in verschiedenen EL in den 1980ern und 1990ern erhoben wurden. Quelle: Robinson (2001) S. 199-200. Eigene Berechnungen; bei Intervallangaben wurde eine symmetrische Verteilung angenommen und der Mittelwert verwendet.

ausgesetzt ist. Die Individuen, die gezwungen sind, Kredite im informellen Sektor aufzunehmen, werden vom formellen Finanzsektor in der Regel auf Grund nicht ausreichender Kreditbesicherungsmöglichkeiten zurückgewiesen. Der informelle Kreditgeber kann sich deshalb nicht auf das Pfand als risikoverminderndes Instrument verlassen (vgl. Abschnitt 4.2). Die im informellen Sektor nachgefragten Kredite sind für gewöhnlich kleiner als im formellen Sektor. Da die Fixkosten der Kreditvergabe einen relativ hohen Anteil an den Gesamtkosten ausmachen, fällt der Gesamtkostenanteil bei einem kleineren Kredit ebenfalls größer aus, was höhere Zinsen erforderlich macht.[73] Hinzu kommt, dass die informellen Kreditgeber meistens nur in einem geographisch begrenzten Gebiet Kredite vergeben. Dadurch wird das Risiko nicht diversifiziert, und die Risiken der von einem Kreditgeber vergebenen Kredite korrelieren erheblich. Eine Naturkatastrophe beispielsweise könnte die Möglichkeiten aller Kunden eines Kreditgebers zerstören, ihren Kredit zu begleichen.[74]

Ein weiterer Grund für die relativ hohen Zinsen ist in einer gewissen *Marktmacht* zu sehen, welche von den informellen Kreditgebern ausgeht. Diese gehen ein hohes Risiko ein, wenn sie einen neuen Kunden akzeptieren. Informationen über die Kreditwürdigkeit sind private und wertvolle Informationen der Kreditgeber, die nicht geteilt werden. Deshalb muss ein neuer Kunde einen langwierigen Screeningprozess durchlaufen, bevor er von dem Geldleiher akzeptiert wird. Die Ablehnungsquote liegt für gewöhnlich oberhalb von fünfzig Prozent. In der Regel werden neue Kreditnehmer auch nur akzeptiert, wenn die Geldleiher bereits geschäftlichen Kontakt anderer Art mit ihnen hatten. Die Kreditnehmer wissen um die Aufwendigkeit des Screeningprozesses. Ihnen ist bewußt, dass sie ein hohes Risiko eingehen, wenn sie versuchen, zu einem anderen Geldleiher zu wechseln.[75] Ein allgegenwärtiger *Status Quo Bias*, mangelnde Informationen über die tatsächlichen Konditionen anderer Kreditanbieter und geringe Mobilität verstärken die Tendenz der Kreditnehmer, bei dem gewohnten Geldleiher zu bleiben und damit auch die Marktmacht der einzelnen Geldleiher. Auf der anderen Seite gibt es nur geringe Markteintrittsbarrieren, was zu einer hohen Anzahl von Kreditanbietern führt. Aufgrund des hohen Screening- und Monitoringaufwands kann ein Geldleiher jedoch nur einen kleinen Stamm von Kunden mit Krediten versorgen. Es entsteht ein segmentierter Markt, in dem viele Kreditanbieter einen kleinen Kundenstamm haben, der üblicherweise nicht bereit ist, zu einem anderen Kreditanbieter zu wechseln.[76] Diese Merkmale lassen darauf schließen, dass es sich bei dem informellen Kreditmarkt um einen Markt monopolistischer Konkurrenz im Sinne von Chamberlin handelt.[77]

---

[73] Vgl. Robinson (2001), S.198.

[74] Vgl. Stigltiz (1990), S.351.

[75] Vgl. Aleem (1990) S. 333-340 für eine Beschreibung des Screeningprozesses durch informelle Kreditgeber und der damit verbundenen Kosten in einem pakistanischen Dorf.

[76] Vgl. Robinson (2001) S. 198-202.

[77] Zu den Merkmalen Monopolistischer Konkurrenz vgl. Varian (2007), S. 543-547.

5.2.2 Programme und Resultate

Subventionierte Kreditprogramme sollten das Problem der übermäßig hohen Zinsen, der Kreditrationierungen und der Segmentierung des Finanzsektors in Entwicklungsländern lösen. Erklärtes Ziel war es, die unteren Einkommensschichten mit günstigen Krediten zu versorgen.[78] Durch die künstlich niedrigen Zinsen entstand jedoch eine Übernachfrage, was zu selektiver Allokation der Kredite führte. In der Regel erhielten diejenigen die günstigen Kredite, die genügend Macht hatten, um den Vergabeprozess zu beeinflussen. Dies waren in der Regel *nicht* die unteren Einkommensschichten. Im Ergebnis profitierten die Armen nicht von den Kreditprogrammen, im Gegenteil:

> „[...] interventions had frequently turned out to be unexpectedly harmful for the particular (marginal) clientele that they had set out to help. Thus, these policies did not promote anything, did not displace informal moneylenders, and they only redistributed income in reverse. [...] In the end, the primary objective of improving access to formal credit was poorly met, if at all. Despite the massive flows of funds channeled to the rural areas, access to institutional loans remained limited. Moreover, a reduction in the cost of borrowing was achieved for only a few large producers, while small borrowers were added with high and regressive transaction costs.“[79]

Es kann argumentiert werden, dass die Kreditprogramme sogar zu einer Erhöhung der Zinsen führen, die von informellen Kreditgebern erhoben werden. Durch die besseren Möglichkeiten, Kredite zu erhalten, erhöht sich der Anreiz für die Kreditnehmer, einen Kredit nicht zurückzuzahlen und zu versuchen, einen anderen Kredit bei einem anderen Anbieter zu erhalten. Die Verweigerung zukünftiger Kredite verliert einen Teil ihre Wirkungskraft als Sanktion (vgl. Abschnitt 7.1). Dies ist insbesondere durch die Abwesenheit von Kreditinformationssystemen in Entwicklungsländern ein Problem. Aufgrund der gestiegenen Ausfallwahrscheinlichkeit, ist der Kreditgeber gezwungen, höhere Zinsen zu verlangen.[80]

Ein weiteres Problem waren die hohen Ausfallraten, die teilweise Höhen erreichten, bei denen die Kredite bereits den Charakter direkter Subventionen hatten (vgl. Tabelle 4). Der Anreiz der Banker, die Rückzahlung der Kredite durchzusetzen, war aufgrund ihres Subventionscharakters gering. Unmittelbar vor Wahlen war es in z.B. in Bangladesch Usus, alle Kreditschulden zu erlassen.[81]

Festhalten lässt sich, dass die subventionierten Kreditprogramme nach dem zweiten Weltkrieg sehr ineffizient und teuer waren. Einige Banken waren durch die hohen Kosten sogar gezwungen, die Programme abzubrechen (vgl. Abschnitt 5.3).

> „[...] agricultural credit has typically resulted in programs with a poor credit culture, manifested by a dependency on subsidies, low recovery rates, inadequately diversified portfolios, mistargeting of credit, and rent-seeking by credit officials and influential farmers. The tremendous potential for rural savings has also been neglected, and private for-profit financial institutions have been crowded out by state-owned rural financial institutions dependent on government subsidies.“[82]

[78]Gonzalez-Vega (1994), S. 5-6.
[79]Gonzalez-Vega (1994), S. 13.
[80]Vgl. Hoff; Stiglitz (1998) S. 488-512 für Modelle mit monopolistischem Wettbewerb, in denen die preissteigernde Wirkung von Subventionen hergeleitet wird.
[81]Vgl. Khalily; Meyer (1993) S. 26.
[82]Yaron et al. (1998), S. 148.

Tabelle 4: Rückzahlungraten von Entwicklungsbanken und kommerziellen Banken in Bangladesch.

Jahr	Rückzahlungsrate [%]		
	Kommerzielle Banken	Ländliche Entwicklungsbanken	Insgesamt
1980-81	36,6	67,8	51,6
1981-82	31,3	67,9	50,6
1982-83	30,0	49,6	24,1
1983-84	32,4	49,9	42,8
1984-85	30,0	44,2	42,3
1985-86	20,7	30,6	26,5
1986-87	42,0	41,4	42,3
1987-88	17,3	27,2	24,3
1988-89	13,7	21,8	18,8

Quelle: Khalily; Meyer (1993) S. 25.

5.3 Die Mikrokreditrevolution

In den achtziger Jahren setzte sich langsam die Meinung durch, dass die Unterentwicklung der Finanzsysteme in Entwicklungsländern der Kern des Problems war. Es fand ein Paradigmenwechsel von der *Finanzierung der Entwicklung* zur *Entwicklung des Finanzsystems* statt.[83] In diesem Zeitraum entstanden auch die ersten MFI, die nach dem neuen Paradigma operierten.

Muhhamed Yunus unterrichtete 1974 Ökonomie an einer Universität in Chittagong (Bangladesch), während das Land von einer schlimmen Hungerkatastrophe heimgesucht wurde. Angesichts seiner Unfähigkeit, den Menschen trotz seines ökonomischen Wissens zu helfen, beschloss er, sich von seiner Lehrverpflichung freistellen zu lassen, um die Probleme der Armen vor Ort zu untersuchen. Er stellte fest, dass die meisten armen Dorfbewohner keine Möglichkeit hatten, Kredite zu bezahlbaren Konditionen zu erhalten. Also begann er Kredite aus eigenen Mitteln zu vergeben.[84] 10 Jahre später gründete er die Grameen Bank, die heute 7,34 Millionen Kunden bedient.[85]

Im Gegensatz zu den früheren Mikrokreditprogrammen stand nun nicht die Durchsetzung niedriger Zinsen, sondern vielmehr der Zugang zu Krediten im Vordergrund. Die Grameen Bank war ein Vorreiter in vielen Bereichen und wurde zum Vorbild anderer MFI. Die Verbreitung der unkonventionellen Ideen wurde von Muhammad Yunus vorangetrieben. Durch die Ausrufung des Jahres 2005 als Jahr der Mikrofinanz durch die VN, sowie durch die Verleihung des Friedensnobelpreises 2006 an Muhammad Yunus wurde die Bedeutung unterstrichen, die der Mikrofinanz in der heutigen Entwicklungspolitik zukommt.

Seit den achtziger Jahren hat die Mikrofinanz ein erhebliches Wachstum, sowohl im Hinblick auf die operierenden Institutionen als auch auf die Anzahl der erreichten Kunden, erzielt (vgl. Tabelle 5). Bemerkenswert ist dabei jedoch nicht nur das Wachstum der Branche. Im Gegensatz zu den subventionierten Kreditprogrammen und Entwicklungsbanken sind die Rückzahlungsraten der MFI durchweg hoch. Teilweise schaffen MFI es sogar, unabhängig von Subventionen zu arbeiten.[86] Dies konnte trotz des großen Anteils extrem armer

[83]Vgl. Roth; Steinwand (2004) S. 3.
[84]Vgl. Yunus (1999) S. 45-58.
[85]Vgl. Yunus (2007).
[86]In einer Stichprobe von 124 MFI in 49 Ländern kamen über die Hälfte ohne Subventionen aus, vgl. Cull et al. (2006), S. 4. Das Thema der Subventionen ist eines der am kontroversten diskutierten Themen der Mikrofinanz. Für eine ausführlichere Beschreibung der Problematik s. Abschnitt 10.

Tabelle 5: Wachstum von Mikrofinanz.

Jahr	Anzahl von MFI	Kundenanzahl insg.	Anzahl von Kunden in extremer Armut[a]	Anteil von Kunden in extremer Armut
1997	618	13.478.797	7.600.000	56,38%
1998	925	20.938.899	12.221.918	58,37%
1999	1065	23.555.689	13.779.872	58,50%
2000	1567	30.681.107	19.327.451	62,99%
2001	2186	54.932.235	26.878.332	48,93%
2002	2572	67.606.080	41.594.778	61,53%
2003	2931	80.868.343	54.785.433	67,75%
2004	3164	92.270.289	66.614.871	72,20%
2005	3133	113.261.390	81.949.036	72,35%

Quelle: Daley-Harris (2006), S. 19, eigene Berechnungen.

a. Nach den Milleniumszielen leben Menschen in extremer Armut, wenn sie das kaufkraftbereinigte Äquivalent eines US-Dollars oder weniger pro Tag zur Verfügung haben. In einer ergänzenden bzw. alternativen Definition umfasst der Begriff extremer Armut auch Menschen, deren Einkommen mindestens 50% unterhalb der . nationalen Armutsgrenze liegt. Vgl. Daley-Harris; Awimbo (2006) S. 3.

Kunden erreicht werden.[87]

Der Weg zur finanziellen Unabhängigkeit einer MFI soll am Beispiel der Bank Rakyat Indonesia (BRI) dargestellt werden. Die BRI wurde während der niederländischen Kolonialherrschaft in Indonesien 1895 gegründet[88] und ist traditionell auf die Bereitstellung von Krediten für den ländlichen Bereich ausgerichtet. Anfang der 1970er Jahre begann die BRI mit der Vergabe von subventionierten Krediten. Durch die niedrigen Zinsen entstand ein Nachfrageüberhang. Aufgrund festgelegter Obergrenzen für die Zinshöhe, mussten Rationierungen stattfinden, was dazu führte, dass in erster Linie die örtlichen Eliten die günstigen Kredite erhielten. Die Armen mussten ihren Kreditbedarf weiterhin im informellen Sektor decken. Für die BRI waren die subventionierten Kredite dermaßen verlustreich, dass sie 1983 zu grundlegenden Reformen gezwungen war.

1984 wurde der *Kredit Umum Pedesan* (KUPEDES) eingeführt. Es handelte sich um einen nicht zweckgebundenen Kredit, der sich vornehmlich an die ländliche Bevölkerung richtete und in den auf Mikrokredit spezialisierten *Desa*-Einheiten der BRI angeboten wurde. Im Unterschied zu den vorherigen Programmen konnte die Bank den Zinssatz selbst festlegen. Schon nach zwei Jahren erreichte das Programm finanzielle Unabhängigkeit und erwirtschaftete nach drei Jahren sogar einen Profit, der im Laufe der Jahre kontinuierlich anstieg. Ebenso stieg die Anzahl der Kunden beständig. Selbst die Asien-Krise 1997 bis 1998 und die damit verbundene rapide Abwertung der indonesischen Rupiah konnte der Profitabilität des Programms nichts anhaben, obwohl die BRI in anderen Bereichen in Mitleidenschaft gezogen wurde.[89]

Festgehalten werden kann, dass es ein Großteil der MFI schafft, Rückzahlungsraten zu erzielen, die weit oberhalb derer der subventionierten Kreditprogramme liegen, obwohl sie eine Zielgruppe haben, die vormals als ungeeignet für den formellen Bankensektor galt. Ein Teil von ihnen schafft es sogar unabhängig von Subventionen, die unteren Einkom-

[87]Für genauere Aussagen ist eine weitere Disaggregierung der Daten notwendig, da aus den Daten nicht hervorgeht, ob es die finanziell unabhängigen MFI sind, die die extrem Armen erreichen.

[88]Ihr Name lautete zum Gründungszeitpunkt *Hulp-en Spaarbank der Inlandsche Bestuurs Ambtenaren*. Er wurde im Laufe der Kolonialzeit noch einige Male geändert. Während der japanischen Okkupation wurde sie in *Shomin Ginkou* umbenannt. Nach der Unabhängigkeit 1945 erhielt sie ihren jetzigen Namen.

[89]Vgl. Robinson (2001), S. 58-67.

mensschichten mit Krediten zu versorgen. Offensichtlich muss es den MFI gelungen sein, die Probleme asymmetrischer Information, die die Kreditversorgung ärmerer Bevölkerungsschichten durch den formellen Sektor verhindert hatten, in den Griff zu bekommen. Ihnen scheint gelungen zu sein, was Plunkett als "'[...] the apparent miracle of giving solvency to a community composed almost entirely of insolvent individuals'"[90] beschrieben hat. Yunus merkt poetisch an: „To argue that banking cannot be done with the poor because they do not have collateral is the same as arguing that men cannot fly because they do not have wings."[91] Einige der Methoden, die als Grund für die hohen Rückzahlungsraten angeführt werden, sollen in den nächsten Abschnitten dargestellt werden.

6 Gruppenkredite

Insbesondere die Grameen Bank hat mit Rückzahlungsraten um die 98%[92] auf Gruppenkredite aufmerksam gemacht.[93] Dabei liegt der erhobene Zins mit 20% deutlich unter den im informellen Sektor üblichen Zinssätzen, jedoch oberhalb der Zinssätze, die bei den subventionierten Kreditprogrammen durchschnittlich erhoben wurden.[94]

Die gemeinsame Haftung bei Gruppenkrediten kann die in Abschnitt 3 analysierten Probleme abmildern oder ganz lösen. Die Nachteile und Vorteile von Gruppenkrediten werden in Abschnitt 8.1 gegenübergestellt.

Das Prinzip der Gruppenkredite und das Ausnutzen der Informationsvorteile der Kreditnehmer gegenüber der Finanzinstitution spielten bereits bei den Raiffeisen-Kreditgenossenschaften eine wichtige Rolle:

> „[...] by strictly limiting the rural coop to a group of people who are no strangers to each other but who know themselves well through most of their lives. Knowing who is a drunkard, whose farm is in trouble, who has a reputation for not paying his debt, lowers the cost of the credit-cooperative in two ways: it keeps the cost of information-gathering down which otherwise would have required extra skill, money and paperwork and it reduces the number of lost loans."[95]

Interessanterweise können Gruppenkredite aber selbst dann zu einer Effizienzerhöhung führen, wenn die Eigenschaften der Kreditnehmer untereinander private Information sind, und die Kreditnehmer somit keine Informationsvorteile gegenüber der Bank haben. Dies geschieht durch einen Risikotransfer von der Bank auf die Kreditnehmer und ein Absinken der Transaktionskosten. Niedrigere Zinsen können dafür sorgen, dass es sich für Kreditnehmer mit sicheren Projekten wieder lohnt, einen Kredit aufzunehmen.

Durch das Zusammenfassen der Kreditnehmer in Gruppen mit gemeinsamer Haftung werden negative Externalitäten wie risikoreiche Projektwahl oder gesellschaftlich suboptimal niedrige Anstrengung in die Gruppe internalisiert. Soziale Sanktionen und gegenseitige Überwachung, deren Kosten für die Individuen geringer sein dürften als für eine Bank, können bei ausreichender Effektivität und Effizienz dieser Mechanismen für optimales Verhalten

[90] Im Bezug auf Kreditgenossenschaften Plunkett (1904) *Ireland in the New Cenutry* S.195. Zitiert nach Guinnane (1994) S. 45.
[91] Yunus, Zitat nach Ghatak; Guinnane (1999), S. 195.
[92] Vgl. Yunus (2002).
[93] Wobei die Grameen Bank diese Praxis etwas gelockert hat, vgl. Hermes; Lensink (2007) S. 8.
[94] Armendárziz de Aghion; Gollier (2000), S.632.
[95] Prinz (2002), S. 11.

der Individuen sorgen. Soziale Sanktionen gewinnen vor dem Hintergrund der Problematik finanzieller Sanktionen bei Armen an Bedeutung (vgl. Abschnitt 3.2.2).

6.1 Lösung des adversen Selektionsproblems

6.1.1 Eigenschaften der Individuen sind untereinander bekannt

In diesem Abschnitt wird die Vergabe von Gruppenkrediten unter der Annahme, dass das mit den Individuen verbundene Risiko unter den Individuen selbst öffentliche Information ist, in einem adversen Selektionsmodell analysiert.[96] Diese Annahme ist z.B. für Dörfer mit geringer Mobilität plausibel. In Städten mit hoher Fluktuation scheint sie eher ungerechtfertigt.

Zunächst bietet die Bank Kreditkontrakte (r, c) mit Zins r und einer Transferzahlung c an, die im Falle, dass eines der Individuen den Kredit nicht zurückzahlen kann, zu leisten ist, insoweit dies möglich ist. Für die vergebenen Kredite besteht also innerhalb der Gruppe gemeinsame Haftung. Daraufhin finden sich die Individuen zu Zweiergruppen zusammen. Es kann wie in Abschnitt 3.1.1 zwischen S- und R-Individuen unterschieden werden. Das Projekt des S-Individuums verläuft zwar nicht mit Sicherheit erfolgreich, jedoch mit höherer Wahrscheinlichkeit als das Projekt des R-Individuums $(0 < p_r < p_s < 1)$.

Die Erlösdichtefunktionen der Individuen lauten

$$f(R_i) = \begin{cases} p_i & \text{falls} \quad R_i = H \\ 1 - p_i & \text{falls} \quad R_i = 0 \end{cases}, \quad i = r, s. \tag{23}$$

Interessanterweise werden sich nur Individuen gleichen Typs zu einer Zweiergruppe zusammenschließen, wie im Folgenden gezeigt wird. Dies wird als *Assortative Matching* bezeichnet.

Der erwartete Nutzen eines Individuums i mit einem Partner j aus einem Kreditvertrag (r, c) beträgt

$$U_{ij}(r, c) = p_i p_j (H - r) + p_i (1 - p_j)(H - r - c) \tag{24}$$

$$= p_i (H - r - c(1 - p_j)). \tag{25}$$

Der erwartete Nutzen eines Individuums fällt demzufolge umso höher aus, je größer die Erfolgswahrscheinlichkeit p_j seines Partners ist. Alle Individuen werden folglich ein S-Individuum einem R-Individuum als Partner vorziehen. Für ein R-Individuum würde sich der Nutzen um $U_{rs} - U_{rr} = cp_r(p_s - p_r)$ erhöhen, wenn es statt einem R- ein S-Individuum als Partner hätte. Dem S-Individuum entstünde ein Nutzenverlust von $U_{ss} - U_{sr} = cp_s(p_s - p_r)$. Da $p_s > p_r$, ist der Nutzenverlust des S-Individuums größer als der Nutzengewinn des R-Individuums. Somit wird es zu *Assortative Matching* kommen, selbst wenn Kompensationszahlungen zwischen den Individuen zugelassen werden.

Bei dieser Gruppenaufteilung und einem Kreditvertrag (c, r) lautet der erwartete Nutzen für alle Individuen $U_{ii}(r, c) = p_i (H - r - c(1 - p_i))$, $i = r, s$. Die Steigung einer Indifferenzkurve des Individuums i in einem Zins-Transferzahlungsdiagramm berechnet sich folgendermaßen:

[96] Vgl. Ghatak (2000) S. 608-619.

$$U_{ii}(r,c) = p_i(H - r - c(1-p_i)) = \text{const.} \quad (26)$$

$$\left.\frac{\partial c}{\partial r}\right|_{U_{ii}=\text{const.}} = -\frac{1}{p_i - 1} \quad (27)$$

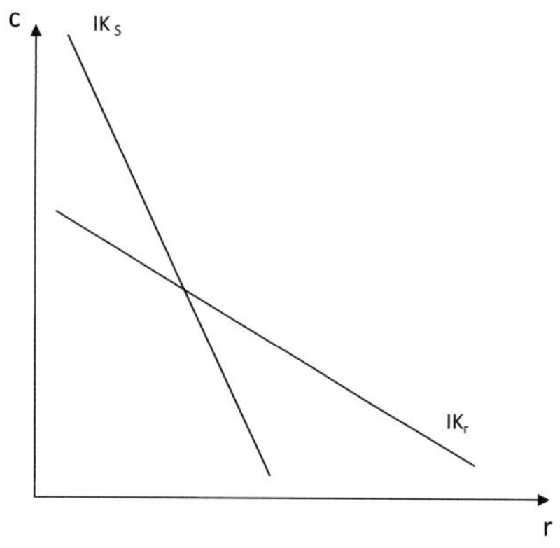

Abbildung 6: Indifferenzkurven der verschiedenen Individuentypen. Die Indifferenzkurven von S- und R-Individuen haben in einem Zins- Transferzahlungsdiagramm unterschiedliche Steigungen. R-Individuen gewichten die Transferzahlung stärker, während die Zinshöhe für S-Individuen ausschlaggebend ist. Der Nutzen der Individuen ist umso höher, je näher die Indifferenzkurven dem Achsenursprung sind. Angelehnt an Ghatak (2000), S. 610.

Die Indifferenzkurve eines S-Individuums hat demnach eine größere (negative) Steigung als die eines R-Individuums, d.h. $-\frac{1}{p_s-1} > -\frac{1}{p_r-1}$ (vgl. Abbildung 6). Die Indifferenzkurven sind aufgrund der angenommenen Risikoneutralität aller Akteure identisch mit den Isoprofitlinien der Bank. Der Nutzen der Individuen nimmt mit zunehmender Nähe zum Achsenursprung zu, während der Profit der Bank mit größer werdendem Abstand zum Achsenursprung steigt.

Die verschiedenen Steigungen der Indifferenzkurven entstehen durch unterschiedliche Bewertung von Zins und Transferzahlung. Da sich nur Gruppen mit Individuen gleichen Typs bilden, ist die Wahrscheinlichkeit für ein S-Individuum, die Transferzahlung c leisten zu müssen, relativ niedrig. Für R-Individuen auf der anderen Seite ist diese Wahrscheinlichkeit relativ hoch. Demzufolge zieht ein Anstieg der Transferzahlung c.p. für S-Individuen einen niedrigeren Nutzenverlust als für R-Individuen nach sich. Der Zins dahingegen muss nur bei einem erfolgreich verlaufenen Projekt beglichen werden. Da die Wahrscheinlichkeit eines erfolgreichen Projektverlaufs für S-Individuen größer als für R-Individuen ist, fällt der Nutzenverlust aus einem Zinsanstieg c.p. für S-Individuen höher als für R-Individuen aus. Die Tatsache, dass endogen formierte Gruppen gleiche Kreditverträge unterschiedlich bewerten, wird auch als *Peer-Selection-Effekt* bezeichnet.[97]

Das Optimierungsproblem der Bank kann aus der Sicht eines benevolenten Diktators wie folgt formuliert werden:[98]

[97]Vgl. Ghatak (2000), S. 611. Dies ähnelt dem Prinzip bei der Verwendung des Pfands als Screeninginstrument (vgl. Abschnitt 4.2).

[98]Diese Sichtweise ist vor dem Hintergrund einer gemeinnützigen Ausrichtung vieler MFI plausibel.

$$\max\{V\} = \max\{\Pi U_{rr}(r_r, c_r) + (1-\Pi)U_{ss}(r_s, c_s)\}, \text{ mit } \lambda \in [0,1]. \tag{28}$$

Die Gewichtung *kann* der Verteilung der Individuentypen in der Bevölkerung entsprechen (wie im hier gewählten Beispiel), es sind aber auch andere Kriterien wie beispielsweise Armutsindikatoren denkbar. Dabei muss die Bank bei einem Seperating-Gleichgewicht ihre Kapitalkosten bei beiden Verträgen zumindest decken, d.h.

$$p_r\,(r_r + c(1-p_r)) \geq k \tag{29a}$$

$$p_s\,(r_s + c(1-p_s)) \geq k. \tag{29b}$$

Damit die Individuen den Kreditvertrag akzeptieren, muss der erwartete Nutzen aus beiden Verträgen den Reservationsnutzen $\bar{u}$ der Individuen übersteigen. Die Teilnahmebedingung der Individuen lautet:

$$U_{ii}(r_i, c_i) \geq \bar{u},\ i = r, s. \tag{30}$$

Es sei $(\hat{r}, \hat{c})$ der Vertrag, der die Kostendeckungsbedingungen aus den Gleichungen (29a) und (29b) mit Gleichheit erfüllt. Ein simultanes Auflösen der beiden Bedingungen ergibt

$$\hat{r} = \frac{k\,(p_r + p_s - 1)}{p_r p_s} \quad \text{und} \quad \hat{c} = \frac{k}{p_r p_s}.$$

Um einen negativen Zins zu vermeiden, wird angenommen, dass $p_r + p_s > 1$.

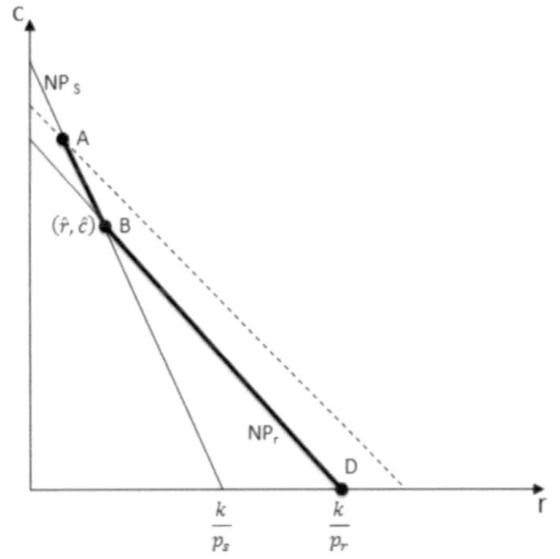

Abbildung 7: Lösung des adversen Selektionsproblems durch Gruppenkredite. Als nutzenmaximierende Verträge für S-Individuen kommen alle Punkte auf $\overline{AB}$ für R-Individuen alle Punkte auf $\overline{BD}$ in Frage.

Die *Anreizkompatibilität* der angebotenen Verträge erfordert, dass der für das Individuum i bestimmte Vertrag auch den Nutzen dieses Individuums maximiert. Sonst würde das Individuum sich für einen anderen Vertrag entscheiden. Bei einem Vertrag (r, c) mit $r < \hat{r}$ und $c > \hat{c}$ ist Nutzen des S-Individuums größer als der des R-Individuums, d.h. $U_{ss}(r,c) > U_{rr}(r,c)$. Umgekehrt übersteigt der Nutzen des R-Individuums den des S-Individuums bei einem Vertrag (r,c) mit $r > \hat{r}$ und $c < \hat{c}$, also $U_{ss}(r,c) < U_{rr}(r,c)$. Dies folgt unmittelbar aus den unterschiedlichen Steigungen der Indifferenzkurven der beiden Typen (vgl. Abbildung 7). Demnach werden sich R-Individuen für einen Vertrag mit $r_r > \hat{r}$ und $c_r < \hat{c}$ entscheiden. S-Individuen werden einen Vertrag mit $r_s < \hat{r}$ und $c_s > \hat{c}$ bevorzugen. Eine anreizkompatible Vertragsgestaltung ist also möglich.

Außerdem muss die *Verbindlichkeitenrestriktion* erfüllt sein: Dies umfasst alle Kombinationen von c und r, bei denen der Erlös des Individuums bei erfolgreichem Verlauf des Projekts gerade noch ausreicht, um die eigene Kreditschuld *und* die Transferzahlung im Falle eines ungünstigen Verlaufs der Investition des Partners zu leisten. Sie hat (zwangsläufig) die Steigung -1 und verläuft damit flacher als die Nullprofitlinien der Bank. Annahmegemäß ist diese Bedingung in $(\hat{r},\hat{c})$ bei einem erfolgreichen Projektverlauf für beide Individuentypen erfüllt. Ab einer bestimmten Transferzahlung reicht der Erlös der S-Individuen im Beispiel jedoch nicht mehr zur Begleichung beider Zahlungen aus. Hier deutet sich bereits an, dass die Erfüllung der Verbindlichkeiten, insbesondere der Transferzahlung, oft problematisch ist.[99]

Als anreizkompatible Verträge, die die Teilnahmebedingung erfüllen und einen Nullprofit generieren, kommen für S-Individuen alle Punkte auf $\overline{AB}$ und für R-Individuen alle Punkte auf $\overline{BD}$ in Frage. Die Existenz von mehreren Lösungen ist eine direkte Folge der angenommenen Risikoneutralität aller Akteure. Bei Risikoaversion der Individuen kommt es zu einer einzigen Lösung.[100]

Da die Verträge für beide Typen auf den Nullprofitlinien der Bank liegen, findet keine Quersubventionierung zwischen den Individuen statt und das Problem der Unterinvestition (vgl. Abschnitt 3.1.1), der Überinvestition (vgl. Abschnitt 3.1.2) sowie der Kreditrationierungen (vgl. Abschnitt 3.1.3) wird vermieden. Durch *Assortative Matching* werden die S-Individuen von den negativen Externalitäten insuliert, die von der Partizipation von Individuen mit risikoreichen Projekten am Kreditmarkt ausgeht.[101]

6.1.2 Eigenschaften der Individuen sind private Information

Wie bereits angeführt wurde, ist die Annahme, dass die Eigenschaften aller Kreditnehmer innerhalb der Gruppe der Kreditnehmer öffentliche Information sind, nicht für alle Situationen angemessen. Beispielsweise ist in einer Stadt mit hoher Mobilität davon auszugehen, dass die Kreditnehmer sich nicht gut genug kennen, um die Bonität des anderen einschätzen zu können. Außerdem gibt es auch eine Reihe von MFI, wie z.B. die *Fundacion Integral Campesina* (FINCA), die die Gruppenzuteilung zufällig stattfinden lassen:

> „[...] if a person wants to obtain a loan, she is put on a list, without taking into account where she lives or whether she knows the other persons who are already on the list. Once the list contains 30 persons the group can start.“[102]

Damit wird der *Peer-Selection-Effekt* unmöglich. Im Folgenden wird gezeigt, dass gemeinsame Haftung dennoch zu einem niedrigeren Zins führen kann.[103]

---

[99]Vgl. auch Abschnitt 6.2.3.
[100]Vgl. Ghatak (2000) S. 620-623.
[101]Vgl. Armendáriz de Aghion; Gollier (2000), S. 633.
[102]Hermes; Lensink (2007) S. 5.
[103]Vgl. Armendáriz de Aghion; Gollier (2000) S. 636-640.

Soweit nicht anders angegeben, gelten die Annahmen aus dem adversen Selektionsmodell aus Abschnitt 3.1.1. Bei zufälliger Paarbildung können drei verschiedene Arten von Zweiergruppen entstehen: Eine Gruppe, die nur aus zwei S-Individuen besteht (S, S) entsteht mit Wahrscheinlichkeit Π^2, eine Gruppe mit einem S- und einem R-Individuum (S, R) findet sich mit Wahrscheinlichkeit $2\Pi(1-\Pi)$ zusammen und eine aus zwei R-Individuen bestehende Gruppe (R, R) bildet sich mit Wahrscheinlichkeit $(1-\Pi)^2$. Es wird angenommen, dass der Bank im Fall, dass Zahlungverpflichtungen nicht nachgekommen wird, ex-post Verifikationskosten entstehen.

Die Idee der *Costly State Verifikation* wurde von Townsend eingeführt. Sie kann als Überprüfung der Entwicklung der Investition vor Ort durch einen Angestellten der Bank interpretiert werden. Eine Möglichkeit, diesen Vorgang zu modellieren, ist die *deterministische Verifikation*.[104] Die Bank zahlt einmalig Verifikationskosten in Höhe von z und kann danach den tatsächlich realisierten Erlös mit Sicherheit beobachten. Eine andere Modellierungsmöglichkeit ist die *stochastische Verifikation*, bei der der Erlös nur mit einer bestimmten Wahrscheinlichkeit richtig beobachtet wird.[105] In diesem Modell wird die deterministische Verifikation angenommen.

Da kein *Assortative Matching* stattfindet, kann nicht anhand der Eigenschaften der Individuen diskriminiert werden. Das einzige mögliche Gleichgewicht ist damit ein Pooling-Gleichgewicht. Die Bank bietet dann Kredite kostendeckend bei einem Zins r_p an, wenn folgende Bedingung erfüllt ist:

$$\begin{aligned} &\Pi^2 r_p + 2\Pi(1-\Pi)\left\{p_r r_p + (1-p_r)\left[\min(r_p, \frac{h}{2}) - z|_{\frac{h}{2}<r_p}\right]\right\} \\ &+(1-\Pi)^2\left\{p_r^2 r_p + 2p_r(1-p_r)\left[\min(r_p, \frac{H}{2}) - z|_{\frac{H}{2}<r_p}\right] - (1-p_r)^2 z\right\} = k. \end{aligned} \tag{31}$$

Eine (S, S) Gruppe erzielt mit Sicherheit einen Erlös, der ausreicht, um die Kreditschuld zu begleichen. Bei einer (S, R) Gruppe verlaufen beide Projekte nur mit Wahrscheinlichkeit p_r erfolgreich, mit Wahrscheinlichkeit $(1-p_r)$ scheitert das Projekt des R-Individuums, in welchem Fall das S-Individuum die Schulden seines Partners begleichen muss – soweit es dazu in der Lage ist. Reicht sein Erlös dafür nicht aus, begleicht es die Schuld seines Partners, soweit ihm dies möglich ist. Der Bank entstehen in diesem Fall Verifikationskosten in Höhe von z, da sie überprüft, ob der Erlös des Individuums tatsächlich nicht ausreicht, um die Schuld seines Partners vollständig zu begleichen.

Bei einer (R, R) Gruppe ist das Bild ähnlich, wobei die Wahrscheinlichkeit, dass die Kreditschuld beglichen wird, geringer ist. Mit einer Wahrscheinlichkeit $(1-p_r)^2$ erzielt keines der beiden Individuen einen Erlös, so dass der Bank wiederum Verifikationskosten entstehen.

Erlös des S-Individuums reicht aus, um die Schulden seines Partners zu begleichen

Wenn angenommen wird, dass der Erlös eines S-Individuums in jedem Fall ausreicht, um die Kreditschuld für sich und seinen Partner zu begleichen $(h > 2r_p)$, lautet Gleichung (31)

[104] Vgl. Townsend (1979) S. 9.
[105] Vgl. Townsend (1979) S. 16-20.

$$\Pi^2 r_p + 2\Pi(1-\Pi)\left(p_r r_p + (1-p_r)\left(r_p\right)\right) \qquad (32)$$
$$+(1-\Pi)^2\left(p_r^2 r_p + 2p_r(1-p_r)\left(r_p\right) - (1-p_r)^2 z\right) = k.$$

Stellt man die Gleichung nach r_p um, ergibt sich folgender gleichgewichtige Zins

$$r_p = \frac{k + (1-\Pi)^2(1-p_r)^2 z}{1-(1-\Pi)^2(1-p_r)^2} < \frac{k+(1-p_r)z}{\Pi + (1-\Pi)p_r} := E_1. \qquad (33)$$

Dieser Zinssatz ist niedriger als der gleichgewichtige Zins ohne gemeinsame Haftung aus Gleichung (3) – wobei die Verifikationskosten nachträglich mit einberechnet wurden. Die Zinssenkung ist eine Folge des Risikotransfers von der Bank auf die Kreditnehmer. Um die Auswirkung des Gruppenkredits insgesamt zu bewerten, wird der kritische Erlös betrachtet, ab dem es sich für ein Individuum lohnt, einen Kredit zu beantragen. Damit ein S-Individuum einen Kredit nachfragt, muss der erwartete Nutzen aus der kreditfinanzierten Investition insgesamt nicht-negativ sein. Die Teilnahmebedingung für S-Individuen lautet demzufolge

$$\Pi(h-r_p) + (1-\Pi)\left(p_r(h-r_p) + (1-p_r)(h-2r_p)\right) \geq 0. \qquad (34)$$

Mit Wahrscheinlichkeit Π ist der Partner ebenfalls ein S-Individuum, mit Wahrscheinlichkeit $(1-\Pi)$ ein R-Individuum. Im ersten Fall besteht kein Kreditrisiko, im zweiten Fall muss das S-Individuum die Kreditschuld des R-Individuums begleichen, wenn dessen Projekt scheitert. Aus einer Umstellung nach h und Einsetzen des gleichgewichtigen Zinssatzes aus Gleichung (33) folgt

$$h \geq \left(1 + (1-\Pi)(1-p))\right) r_p = \frac{k + (1-\Pi)^2(1-p_r)^2 z}{\Pi + (1-\Pi)\,p_r} < \frac{k+(1-p_r)z}{\Pi + (1-\Pi)p_r}. \qquad (35)$$

Der Absenkung des Zinssatzes steht eine Risikoerhöhung durch die gemeinsame Haftung gegenüber. Ohne ex-post Monitoring-Kosten, wäre der kritische Wert für h sogar dem Fall individueller Kreditvergabe gleich. Dadurch, dass die Wahrscheinlichkeit von nicht beglichenen Krediten sinkt, sinken auch die erwarteten Monitoring Kosten und der kritische Wert von h, ab dem es sich für S-Individuen lohnt, einen Kredit zu beantragen.

Erlös des S-Individuums unzureichend, um die Kreditschuld seines Partner zu begleichen

Es ist andererseits ebenfalls es möglich, dass nur der Erlös des R-Individuums ausreicht, um die Kreditschuld für seien Partner zu begleichen ($h < 2r_p < H$). Damit ergibt sich aus Gleichung (31)

$$\Pi^2 r_p + 2\Pi(1-\Pi)\left(p_r r_p + (1-p_r)\left(\frac{h}{2} - z\right)\right) \qquad (36)$$
$$+(1-\Pi)^2\left(p_r^2 r_p + 2p_r(1-p_r)r_p - (1-p_r)^2 z\right) = k.$$

Eine Umstellung nach r_p liefert

$$r_p = \frac{k - \Pi(1-\Pi)(1-p_r)h + 2\Pi(1-\Pi)(1-p_r)z + (1-\Pi)^2(1-p_r)^2 z}{(\Pi + (1-\Pi)p_r)^2 + 2(1-\Pi)^2 p_r(1-p_r)}. \tag{37}$$

Damit ein Pooling-Gleichgewicht entsteht, muss der erwartete Erlös des S-Individuums nicht-negativ sein, d.h.

$$\Pi(h - r_p) + (1-\Pi)p_r(h - r_p) \geq 0. \tag{38}$$

Aus Einsetzen von Gleichung (37) in Gleichung (38) folgt

$$h \geq \frac{k + 2\Pi(1-\Pi)(1-p_r)z + (1-\Pi)^2(1-p_r)^2 z}{\Pi + (1-\Pi)p_r + (1-\Pi)^2 p_r(1-p_r)} := E_1. \tag{39}$$

Der kritische Erlös des S-Individuums, bei dem die Teilnahmebedingung gerade noch erfüllt ist, wird als E_1 definiert. Dem steht der kritische Erlös des S-Individuums bei individueller Kreditvergabe gegenüber:

$$h \geq \frac{k + (1-p_r)z}{\Pi + (1-\Pi)p_r} := E_2. \tag{40}$$

Die Schwelle, ab der es sich für das S-Individuum lohnt, einen Kredit aufzunehmen, ist bei Gruppenkreditvergabe niedriger als bei einem individuellen Kredit ($E_1 < E_2$). Dies wäre im Gegensatz zum vorherigen Fall auch so, wenn die Monitoring-Kosten null betrügen. Wenn der Erlös des S-Individuums genau zwischen den beiden Wert liegt ($E_1 < h < E_2$), wird das S-Individuum nur bei Gruppenkrediten einen Kredit beantragen. Durch den Mechanismus gemeinsamer Haftung wird damit in diesem Fall eine Ineffizienz des Kapitalmarkts beseitigt. Die Kreditvergabe an S-Individuen ist annahmegemäß nämlich immer effizient ($h > k$).

In beiden Fällen konnte ein Absinken des kritischen Wertes, ab dem sich eine Kreditaufnahme für ein S-Individuum lohnt, beobachtet werden. Ist gleichgewichtige Zinssatz zuvor prohibitiv hoch, führte die Einführung von Gruppenkrediten unter Umständen zu einer Effizienzverbesserung. Im ersten Fall, in dem das S-Individuum die Schuld seines Partners begleichen kann, wird dieser Effekt jedoch lediglich dadurch erzielt, dass ein Nicht-Bedienen der Kreditschuld durch die Gruppe unwahrscheinlicher wird, und dadurch die erwarteten ex-post Verfikationskosten sinken. Im zweiten Fall reicht der Erlös des S-Individuums nicht aus, um ebenfalls für die Schulden seines Partners aufzukommen. Dies ist ein Vorteil für die S-Individuen, da so die Beeinträchtigung, die durch das Scheitern eines R-Partners entstehen kann, für S-Individuen geringere Konsequenzen als für R-Individuen nach sich zieht. Kreditvergabe an Gruppen mit gemeinsamer Haftung kann damit Effizienzvorteile bringen, selbst wenn die Eigenschaften der Individuen private Information der Kreditnehmer sind.

6.2 Lösung des Moral Hazard Problems

6.2.1 Projektwahl

In Abschnitt 3.2.3 wurde hergeleitet, dass Banken unter bestimmten Annahmen Kredite nur bis zu einer gewissen Höhe vergeben, um Anreize für die Kreditnehmer zu schaffen, nur sichere Investitionen durchzuführen. Die Vergabe von Gruppenkrediten mit gemeinsamer Haftung kann diese Kreditrationierungen abmildern, wie Stiglitz zeigt.[106]

[106]Vgl. Stiglitz (1990) S. 359-363.

Die Individuen schließen sich wiederum zu Zweiergruppen zusammen. Es sei q der Anteil des Kredits, den ein Kreditnehmer bei einem erfolgreichen Verlauf des eigenen Projekts und einem Scheitern des Projekts seines Partners an die Bank zu entrichten hat. Der Nutzen eines Individuums mit einem Projekt $i = r, s$ lautet

$$U_i \equiv U\left[R_i(L) - (1+r)L\right], \tag{41}$$

wenn sowohl sein eigenes als auch das Projekt seines Partners erfolgreich verläuft. Erzielt das Individuum i einen positiven Erlös, ist der Erlös seines Partners aber Null, so beträgt sein Nutzen

$$U_{if} \equiv U\left[R_i(L) - (1+r)L - qL\right]. \tag{42}$$

Der Nutzen des Individuums, das keinen Erlös erzielt, beträgt

$$U_0 \equiv 0. \tag{43}$$

Es wird angenommen, dass beide Individuen das gleiche Projekt durchführen. Dies kann mit Monitoring oder sozialen Sanktionen hergeleitet werden.[107] Der Nutzen beider Individuen beträgt damit

$$\bar{V} = U_i p_i^2 + U_{if} p_i(1-p_i). \tag{44}$$

Angenommen das Gleichgewicht ist weiterhin durch Kreditrationierungen charakterisiert, die die Durchführung sicherer Projekte induzieren, so wird die Bank einen Vertrag anbieten, der ihre Nullprofit Bedingung erfüllt, es gilt also

$$p_s(1+r) + p_s(1-p_s)q = k). \tag{45}$$

Dadurch, dass das Individuum gezwungen ist, bei einem Scheitern des Projekts seines Partners qL an die Bank zu entrichten – vorausgesetzt, dass sein eigenes Projekt nicht scheitert –, steigt das Risiko des Individuums bei jedem L. Durch die Nullprofit Bedingung ist sicher gestellt, dass der erwartete Profit der Bank unverändert bleibt. Verlaufen beide Projekte erfolgreich, erzielen die beiden Individuen einen höheren Nutzen. Scheitert nur ein Individuum, fällt der Nutzen des anderen Individuums niedriger aus, als dies ohne gemeinsame Haftung der Fall gewesen ware.

Der Risikotransfer von der Bank auf das Individuum führt in Verbindung mit der Nullprofitbedingung zu einer Zinsabsenkung. Damit steigt die maximale Kredithöhe, bei der die Individuen noch das sichere Projekt durchführen, so dass Kreditrationierungen reduziert werden. Es kann gezeigt werden, dass die gemeinsame Haftung eine wohlfahrtssteigernde Wirkung hat: Der ermöglichte Anstieg von L ist größer als es zur Risikokompensation des Individuums notwendig gewesen wäre.[108]

[107]Für Beispiele einer möglichen Herleitung vgl. Stiglitz (1990) S. 359. Siehe auch Abschnitt 6.1.1 für eine formale Herleitung von Assortative Machting unter ähnlichen Rahmenbedingungen.

[108]Vgl. Stiglitz (1990) S. 363-365.

6.2.2 Anstrengung

In Abschnitt 3.2.1 wurde beschrieben, wie asymmetrische Information zu einer suboptimal niedrigen Anstrengung führen kann. Es wird nun untersucht, ob die Einführung von gemeinsamer Haftung bei Gruppenkrediten einen positiven Einfluss auf die optimale Anstrengung der Individuen hat.[109] Dabei wird zur Vereinfachung für die Wahrscheinlichkeitsfunktion $p(e)$ die lineare Form $p(e) = e$ angenommen.

Es bilden sich zufällige Zweiergruppen aus identischen Individuen. Im dem Fall, dass eines der Individuen ein Projekt erfolgreich zu Ende bringt, sein Partner jedoch scheitert, muss es eine Transferzahlung c an die Bank leisten. Die Anstrengung der Individuen kann von der Bank nicht beobachtet werden. Das Optimierungskalkül des Individuums i laute ohne gemeinsame Haftung

$$\max_{e_i}\{e_i(H-B) - \frac{1}{2}\lambda e_i^2\}, \text{ mit } \lambda > H. \tag{46}$$

Für die optimale Anstrengung folgt unter diesen Bedingungen

$$e_i = \frac{H-B}{\lambda} = p(e_i). \tag{47}$$

$$H - e_i\lambda = B. \tag{48}$$

Die Kostendeckungsbedingung der Bank lautet $p(e_i)B = k$. Durch Substitution von Gleichung (47) ergibt sich eine Anstrengung in Höhe von

$$p(e_i) = \frac{H + \sqrt{H^2 - 4k\lambda}}{2\lambda}. \tag{49}$$

Die Lösung der quadratischen Gleichung liefert zwei verschiedene Lösungen für p. Es wird angenommen, dass der Pareto-superiore, höhere p Wert realisiert wird, da dies keine Nutzenänderung für die Bank, aber eine Nutzenerhöhung für das Individuum bedeutet. Bei einem Gruppenkredit ändert sich das Optimierungskalkül des Individuums. Die Maximierungsbedingung bei gemeinsamer Haftung für ein Individuum i mit einem Partner j lautet dann

$$\max_{e_i}\{p(e_i)(H - B - (1-p(e_j))\,c) - \frac{1}{2}\lambda e_i^2\}, \tag{50}$$

wobei e_i die Anstrengung des Individuums i, und e_j die vom Individuum j unternommene Anstrengung ist. Die optimale Anstrengung des Individuums i beträgt damit

$$e_i = \frac{H - B - c(1-e_j)}{\lambda}. \tag{51}$$

Die optimale Anstrengung ist offenbar eine Funktion der Anstrengung des Partners. Je mehr sich der Partner anstrengt, desto höher ist der Anreiz für das andere Gruppenmitglied, ebenfalls eine hohe Anstrengung zu unternehmen. Der Grund dafür ist darin zu sehen, dass die erwartete Transferzahlung nur im Erfolgsfall geleistet werden muss und damit eine Art Erfolgssteuer darstellt.[110] Da die Individuen identisch sind, lautet die optimale

[109]Vgl. Ghatak; Guinanne (1999) S. 202-206.
[110]Vgl. Ghatak; Guinanne (1999) S. 203.

Anstrengung des Individuums j analog $e_j = \frac{H-B-c(1-e_i)}{\lambda}$. Ohne Kooperation entsteht ein Nash-Gleichgewicht[111] in

$$e^{\text{Nash}} = \frac{H-B-c}{\lambda - c}. \tag{52}$$

Ob in der nicht-kooperativen Lösung bereits eine höhere Anstrengung erreicht wird, hängt von der Ausprägung der Variablen ab. Die Kostendeckungsbedingung der Bank lautet bei gemeinsamer Haftung

$$p(B + (1 - p(e))c) = k. \tag{53}$$

Nach Substitution der Nash-gleichgewichtigen Anstrengung aus Gleichung (52) in Gleichung (53) ergibt sich für die Anstrengung

$$p(e) = \frac{H + \sqrt{H^2 - 4k\lambda}}{2\lambda}. \tag{54}$$

Es wird wiederum angenommen, dass der höhere p-Wert realisiert wird. Die Nash gleichgewichtige Anstrengung entspricht damit genau dem Gleichgewicht bei einem individuellen Kontrakt aus Gleichung (49).

In einer Zweiergruppe mit engen sozialen Bindungen ist die nicht-kooperative Lösung jedoch nicht sonderlich realistisch. Eine kollektive Optimierung der Gruppenmitglieder führt zu

$$\tilde{p}(e) = \arg\max_e \{e(H - B - (1-e)c) - \frac{1}{2}\lambda e^2\} = \frac{H-B-c}{\lambda - 2c}. \tag{55}$$

Mit der Kostendeckungsbedingung der Bank aus Gleichung (53) folgt (bei Außerachtlassung der niedrigeren Lösung für p):

$$(\lambda - c)\,p^2 - Hp + k = 0 \tag{56}$$

$$p = \frac{H + \sqrt{H^2 - 4k\,(\lambda - c)}}{2\,(\lambda - c)}. \tag{57}$$

Es wurde angenommen, dass $\lambda > H$. Wenn das Individuum die Kreditschuld und die Transferzahlung bedienen kann ($H > B + c$), folgt, dass $\lambda > c$. Dementsprechend ist der Nenner des Bruchs aus Gleichung (57) positiv. Die Anstrengung im Kooperationsfall ist damit höher als im nicht-kooperativen Nash-Gleichgewicht aus Gleichung (54).

Diese Lösung impliziert allerdings, dass die Kreditnehmer ihre Handlungen untereinander perfekt und kostenlos beobachten können und ggf. die geforderte Anstrengung auch durchsetzen können. Zwar ist es plausibel von niedrigeren Monitoring- und Durchsetzungskosten der Kreditnehmer untereinander auszugehen. Dennoch scheint völlig kostenloses Beobachten und Durchsetzung eine recht radikale Annahme zu sein, die nun relativiert wird.

Ein Individuum sei in der Lage, die Anstrengung seines Partners zu beobachten, indem es sich für ein Überwachungsniveau a entscheidet. Die Wahrscheinlichkeit, dass es die tatsächliche Anstrengung beobachtet, beträgt dann a. Mit Wahrscheinlichkeit $(1 - a)$ erhält

[111] Ein Nash-Gleichgewicht ist als eine Kombination wechselseitig optimaler Strategien definiert.

es ein nicht aussagekräftiges Signal. Die Monitoring-Kosten sind durch die konvexe, steigende Funktion $M(a)$ gegeben$\left(\frac{\partial M(a)}{\partial a} > 0, \frac{\partial^2 M(a)}{\partial a^2} > 0\right)$. Weicht das Verhalten des Partners von dem vereinbarten Verhalten ab, kann eine soziale Sanktion S verhängt werden. Soziale Sanktionen können in der Realität beispielsweise Ermahnungen, Reduktion zukünftiger Kooperation oder Rufschädigung innerhalb der dörflichen Gemeinschaft beinhalten.[112]

Wenn der Partner die vereinbarte Anstrengung erbringt $\left(\tilde{p}(e_j) = \frac{H-B-c}{\lambda-2c}\right)$, ist die optimale Reaktion für das Individuum i mit

$$p^{BRF} = p(e_i) = \frac{H-B-c}{\lambda-2c}\left(1-\frac{c}{\lambda}\right) < \frac{H-B-c}{\lambda-2c} \tag{58}$$

niedriger als die vereinbarte Anstrengung. Bei symmetrischer Information hinsichtlich der Nutzenfunktionen unter den Kreditnehmern, kann das Überwachungsniveau so gewählt werden, dass die vereinbarte Anstrengung für den Partner zur optimalen Entscheidung wird. Die Anreizbedingung, dass es sich für Individuum i lohnt, die vereinbarte Anstrengung auszuüben – gegeben, dass sein Partner die kollektiv optimale Anstrengung erbringt – lautet

$$\tilde{p}\left[(H-B)-(1-\tilde{p})c\right] - \frac{1}{2}\lambda\tilde{p}^2 \geq p^R\left[(H-B)-(1-\tilde{p})c\right] - \frac{1}{2}\lambda\left(p^R\right)^2 - aS. \tag{59}$$

Da für die Überwachung Kosten anfallen, wird das Überwachungsniveau so niedrig wie möglich gehalten. Demnach wird $a = \tilde{a}$ so gewählt, dass Gleichung (59) mit Gleichheit erfüllt wird. Die Anreizbedingung für das Individuum, die Überwachung durchzuführen, lautet

$$\tilde{p}[H-B-(1-\tilde{p})c] - \frac{1}{2}\lambda\tilde{p}^2 - M(\tilde{a}) \geq \tilde{p}\left[(H-B)-(1-p^R)c\right] - \frac{1}{2}\lambda\tilde{p}^2. \tag{60}$$

Solange die sozialen Sanktionsmechanismen effektiv und Monitoring Kosten nicht zu hoch sind, werden Gruppenkredite nach diesem Modell Rückzahlungsraten verbessern. Demnach empfehlen sich Gruppenkredite besonders für Bedingungen, unter denen die Kreditnehmer in enger Beziehung zueinander stehen und sich so zu niedrigen Kosten überwachen und sanktionieren können.

Die Frage, wie sich Bindungen innerhalb der Gruppe auf die Rückzahlungsrate tatsächlich auswirken, wird in Abschnitt 8.2 erörtert.

6.2.3 Durchsetzung

Ein weiteres Problem, mit dem sich Kreditgeber in Entwicklungsländern konfrontiert sehen, ist strategisches Nicht-Bedienen der Kreditschuld durch die Kreditnehmer. Klassische Sanktionsmechanismen sind in Entwicklungsländern aufgrund schwacher Institutionen und der Armut der Kreditnehmer in ihrer Wirksamkeit begrenzt (vgl. Abschnitt 3.2.2).

Besely und Coate haben herausgearbeitet, dass die Einführung von Gruppenkrediten zwei gegenläufige Effekte auf die Rückzahlungsrate hat. Zum einen steigt die Rückzahlungsrate dadurch, dass Individuen innerhalb der Gruppe die Zahlungen für ihre Partner übernehmen, wenn diese ihren Kredit nicht tilgen können oder wollen. Andererseits kann es auch passieren, dass einem Individuum die Last der eigenen Kreditschuld und die seines Partners zusammen zu groß ist, und es sich gegen eine Rückzahlung jeglicher Schulden ent-

[112] Für mehr Beispiele sozialer Sanktionen vgl. Besley; Coate (1995) S. 9-10.

scheidet, auch wenn es eigentlich seine eigene Kreditschuld beglichen hätte. Welcher Effekt überwiegt, hängt von verschiedenen Faktoren ab. Besely und Coate zeigen, dass die Rückzahlungsrate bei Gruppenkrediten mit gemeinsamer Haftung bei ausreichend wirksamen sozialen Sanktionen höher als bei individuellen Krediten ausfällt. Es kann davon ausgegangen werden, dass soziale Sanktionen in einer dörflichen Gemeinschaft besonders wirksam sind, was die Bedeutung von Gruppenkrediten demnach für diesen Bereich unterstreicht (vgl. Abschnitt 6.2.2).[113]

Das Prinzip soll formal dargestellt werden.[114] Die Individuen i und j, die die stochastischen Erlöse R_i und R_j erzielen, bilden eine Gruppe. Beide Individuen erhalten einen Kredit in Höhe einer Geldeinheit. Die Individuen seien risikoavers, da Geld abnehmendem Grenznutzen unterliegt. Außerdem können Kredite nur vollständig beglichen werden. Die einzige Möglichkeit, von der First-Best-Lösung abzuweichen, besteht in absichtlichem Nicht-Begleichen der Kreditschuld. Ansonsten gelten die bisher üblichen Annahmen (vgl. Abschnitt 3). Die Bank sanktioniert Nicht-Bedienen der Kreditschuld durch die Verweigerung zukünftiger Kredite (vgl. Abschnitt 7.1 für eine ausführlichere Darstellung). Damit lautet die Anreizbedingung für ein Individuum, den Kredit zu begleichen

$$U(R) - U(R - r) \leq \bar{Z}, \tag{61}$$

wobei $\bar{Z}$ der Gegenwartsnutzen aller zukünftiger Kredite ist. Es sei $R(r)$ der kritische Erlös, der Gleichung (61) bei gegebenem Zins mit Gleichheit erfüllt. Der Kreditnehmer wird seine Kreditschuld daher begleichen, wenn $R > R(r)$.

Bei einem Gruppenkredit mit gemeinsamer Haftung wird allen Mitgliedern der Gruppe der zukünftige Zugang zu Krediten verweigert, wenn eine Kreditschuld offen bleibt. Dabei ist es für die Bank irrelevant, ob die Kreditschuld durch den Schuldner selbst oder durch das andere Gruppenmitglied getilgt wird. Ein Kreditnehmer wird sich entscheiden, seine eigene und die Schuld seines Partners zu begleichen im Fall, dass dieser dazu nicht willens oder fähig ist, wenn gilt:

$$U(R) - U(R - 2r) \leq \bar{Z}. \tag{62}$$

Es kann nun zwischen zwei Fällen unterschieden werden, die gegenläufige Auswirkungen auf die Rückzahlungsrate haben:

- Wenn Gruppenmitglied j unfähig oder unwillig ist, seine Kreditschuld zu tilgen ($R_j < R(r)$), aber Individuum i einen ausreichend hohen Erlös erzielt hat, um Gleichung (62) zu erfüllen ($R_i > R(2r)$), wird durch die gemeinsame Haftung eine Verbesserung der Rückzahlungsrate erzielt.

- Wenn Gruppenmitglied j wiederum seine Kreditschuld nicht bedienen kann oder will ($R_j < R(r)$) und Individuum i zwar seine eigene Kreditschuld begleichen würde ($R_i > R(r)$), aber sein Erlös nicht ausreicht um Gleichung (62) zu erfüllen ($R_i < R(2r)$), so *verursacht* die gemeinsame Haftung die Nichtbedienung eines Kredits und verringert daher die Rückzahlungsrate.

Die Gesamtwirkung gemeinsamer Haftung hängt schließlich davon ab, welcher der beiden Effekte überwiegt, was von der Verteilung der Erlöse abhängt. Ein Individuum, das

[113] Vgl. Besley; Coate (1995) S. 9-13.
[114] Das Modell ist angelehnt an Ghatak; Guinnane (1999), S. 209-211.

einen Kredit nicht bedient ($R < R(r)$), fügt seinem Partner eine negative Externalität zu. Wenn man davon ausgeht, dass die Individuen sich in einem solchen Fall mit einer sozialen Sanktion S belegen, wird die Attraktivität von absichtlichem Nichtbedienen eines Kredits reduziert. Die Anreizbedingungen lauten dann für die individuelle und gemeinsame Kreditbegleichung

$$U(R) - U(R - r) \leq \bar{Z} + S \quad \text{bzw.} \quad U(R) - U(R - 2r) \leq \bar{Z} + S. \tag{63}$$

Bei ausreichender Wirksamkeit der sozialen Sanktionen fällt die Rückzahlungsrate bei Gruppenkrediten höher als bei individuellen Krediten aus.

7 Jenseits von Gruppenkrediten

Obwohl Gruppenkredite lange Zeit im Zentrum des akademischen und öffentlichen Interesses standen, sind sie bei weitem nicht die einzige Komponente, die für den Erfolg von Mikrokrediten verantwortlich ist. MFI haben eine Reihe von ebenfalls wichtigen Vorgehensweisen entwickelt, von denen einige in den folgenden Abschnitten vorgestellt werden.

7.1 Dynamische Initiativen

Die Kosten, die dem Individuum durch verweigerte Weiterfinanzierung entstehen, wurden implizit bereits in Abschnitt 6.2.3 modelliert. An dieser Stelle sollen Anreize und Zusammenhänge der Drohung zukünftiger Verweigerung von Krediten systematischer am Beispiel des Durchsetzungsproblems (vgl. Abschnitt 3.2.2) untersucht werden. Die Ergebnisse lassen sich auf die meisten anderen dargestellten Probleme übertragen.

Bei den staatlichen Kreditprogrammen war die Kreditaufnahme für viele Kreditnehmer ein einmaliger Vorgang. Dadurch war die Drohung, bei Unzuverlässigkeit, keine weiteren Kredite zu vergeben, nicht sonderlich wirksam. Eine auffällige Vorgehensweise der Grameen Bank und anderer MFI besteht darin, den Kreditnehmern zunächst nur sehr kleine Kredite zur Verfügung zu stellen und das Kreditvolumen erst nach und nach zu erweitern – vorausgesetzt, dass die anfänglich vergebenen Kredite auch zuverlässig zurückgezahlt wurden. Eine erste formale Analyse der Drohung durch die Bank, keine weiteren Kredite zu vergeben kommt von Stiglitz und Weiss.[115] Analog zu anderen Principal-Agent-Problemen, kann für die Bank eine Beendigung der zukünftigen Zusammenarbeit besser sein als eine Zinsanhebung:

> „Firms often respond to low output of a worker not by lowering that worker's wage, but by firing the worker; landlords at times react to poor crops by evicting the sharecropper rather than lowering his share of output; similarly, banks often deny future loans to defaulters rather than raising the interest rate that a defaulter would have to pay."[116]

Es gebe zwei Perioden, in denen das Individuum in ein Projekt investieren kann, das mit Sicherheit einen Erlös $R = H$ generiert. Dennoch hat das Individuum ohne Sanktionsmechanismen keinen Anreiz einen anderen Erlös als $R^Z = 0$ zurückzuzahlen.[117]

[115] Vgl. Stiglitz; Weiss (1983) S. 913-918.
[116] Stiglitz; Weiss (1983) S. 912.
[117] Vgl. Armendáriz de Aghion; Morduch (2000) S. 408-410.

Es wird angenommen, dass das Individuum für die Finanzierung auf dieselbe Bank angewiesen ist. Die Bank kann die Finanzierung in der zweiten Periode verweigern, falls die Kreditschuld der ersten Periode nicht beglichen wurde. Die Anreizbedingung des Individuums, den Erlös wahrheitsgemäß anzugeben und den Kredit zurückzuzahlen, lautet bei einem Diskontfaktor δ und einer Wahrscheinlichkeit $\beta = \beta(R^Z)$, dass das Projekt der zweiten Periode finanziert wird

$$H + \delta\beta(0)H \leq H - r + \delta\beta(H)H. \tag{64}$$

In der zweiten Periode wird das Individuum in jedem Fall angeben, dass es keinen Erlös erzielt habe, da der Bank kein Sanktionsmechanismus mehr zur Verfügung steht. Rückwärtsinduktion ergibt, dass dies auch in der ersten Periode von der Bank und dem Individuum antizipiert wird und es somit zu der gleichen Situation wie in einem einperiodigen Spiel kommt. Es wird angenommen, dass die Bank sich (z.B. durch ein internes Regelwerk) darauf festlegt, mit Sicherheit eine Finanzierung in Periode 2 zu ermöglichen, wenn das Individuum den Kredit in Periode 1 begleicht ($\beta(H) = 1$) und unter keinen Umständen eine weitere Finanzierung zu ermöglichen, wenn dass Individuum den Kredit nicht begleicht, d.h. $\beta(0) = 0$. Außerdem sei die Bank in der Lage, ihre Festlegung zu signalisieren. Es kann gezeigt werden, dass dies die optimale Lösung für die Bank ist. Durch Umstellen ergibt sich der maximale $r-$Wert, bei dem die Anreizkompatibilität gerade noch gewahrt ist

$$r^* = \delta H. \tag{65}$$

Die Anreize für das Individuum können durch progressive Erhöhung des Kreditvolumens verstärkt werden. Dadurch steigen die Opportunitätskosten der Nichtbedienung eines Kredits, so dass die Verweigerung der Finanzierung zukünftiger Projekte zu einer wirksameren Sanktion wird.[118] Außerdem kann die Glaubwürdigkeit der Kreditnehmer durch progressive Kreditvergabe zunächst getestet werden, ohne dass die Bank zu hohe Risiken eingeht. Alternative Kreditbezugsmöglichkeiten können bei schlechtem oder nicht vorhandenem Informationsaustausch die Effektivität der Sanktion abmildern.

7.2 Hochfrequentige Rückzahlungspläne

Bei kommerziellen Krediten ist es üblich, dass der Kredit nach der Realisierung des Erlöses vollständig zurückgezahlt wird. MFI hingegen bestehen so gut wie ausnahmslos auf einem Beginn der Rückzahlung kurz nach der Kreditvergabe. Da das Projekt bis dahin noch keinen Erlös erbracht haben kann, bedeutet das, dass die Bank sich für die Rückzahlung des Kredits nicht nur auf den durch das Projekt realisierten Erlös verlässt, sondern ebenfalls die sonstigen Einnahmen des Individuums dafür heranzieht. Die Bank diversifiziert dadurch die Quellen, aus denen eine Kreditrückzahlung erfolgt, und vermindert so ihr Risiko.

In der folgenden Formalisierung wird herausgearbeitet, unter welchen Bedingungen hochfrequentige Rückzahlungspläne auch für Kreditnehmer von Vorteil sind.[119]

Ein Individuum habe nach allen zur Subsistenz notwendigen Ausgaben ein wöchentlich verfügbares, vom Projektverlauf unabhängiges Einkommen x, das mit einer Rate d jede Periode absinkt. Wenn das Einkommen nicht für die Kreditrückzahlung verwendet wird, wird

[118] Vgl. Armendáriz de Aghion; Morduch (2000) S. 412.
[119] Das Modell ist angelehnt an Armendáriz; Morduch (2000) S. 414-415.

es mit Wahrscheinlichkeit $(1-d)$ für sonstigen Konsum ausgegeben, der dem Individuum per Annahme keinen Nutzen bringt.

Die Bank legt fest, in wie vielen Rückzahlungen $\left(n=\frac{52}{T}\right)$ die Begleichung des Kredits erfolgt. Die Gesamtschuld des Individuums (Kreditbetrag plus Zinsen) beträgt B. Für jede Rückzahlung fallen Transaktionskosten χ an, die vom Individuum getragen werden. Außerdem reiche das sonstige Einkommen x des Individuums aus, um den Kredit zurückzuzahlen.

Das Individuum wird den Wochenabstand zwischen den Rückzahlungen $T \in [1;52]$ so wählen, dass der Nettowert seiner Rückzahlung maximiert wird

$$\max_T \left\{ \left(1+d+d^2+...+d^T\right) \frac{52}{T}x - \frac{52}{T}\chi \right\}. \tag{66}$$

Die Geschwindigkeit, mit der sich das verfügbare Einkommen vermindert, und die Höhe der Transaktionskosten sind antagonistische Pole in dieser Gleichung. Bei hohen Transaktionskosten und einem geringen Einkommensverlust resultiert

$$T = \arg\max_T \left\{ \lim_{\chi\to\infty,\, d\to 1} \left[\left(1+d+d^2+...+d^T\right) \frac{52x}{T} - \frac{52}{T}\chi \right] \right\} = \max\{T\} = 52. \tag{67}$$

Das bedeutet, dass das Individuum bei einem geringen Einkommensverlust und hohen Transaktionskosten tendenziell niedrigfrequentige Rückzahlungspläne bevorzugt. In der umgekehrten Konstellation geringer Transaktionskosten und eines hohen Einkommensverlusts ergibt sich

$$T = \arg\max_T \left\{ \lim_{\chi\to 0,\, d\to 0} \left[\left(1+d+d^2+...+d^T\right) \frac{52x}{T} - \frac{52}{T}\chi \right] \right\} = \min\{T\} = 1. \tag{68}$$

Ein Individuum mit hohem Einkommensverlust und geringen Transaktionskosten wird dementsprechend tendenziell Rückzahlungspläne mit häufigen Rückzahlungsterminen bevorzugen.

Das zweite Szenario scheint eine realistischere Beschreibung für die Zustände in Zielgebieten von Mikrokrediten zu sein. Generell haben ärmere Menschen niedrigere Opportunitätskosten der Zeit, was zu geringeren Transaktionskosten führt. Außerdem erfolgen Einnahmen oft täglich oder wöchentlich, wodurch ohne verlässliche Sparmöglichkeiten Probleme entstehen können. Durch die regemäßigen Zahlungen können zudem unzuverlässige Kreditnehmer frühzeitig herausgefiltert werden.[120]

Rückzahlungspläne mit hoher Zahlungsfrequenz sind demzufolge besser auf die Bedürfnisse ärmerer Individuen ausgerichtet, worauf sich Mikrobanken wie die Grameen Bank eingestellt haben: „Repayment of Grameen loans is [..] made very easy by splitting the loan amount in tiny weekly installments. Doing business this way means a lot of work for the bank, but it is a lot [more] convenient for the borrowers.“[121]

7.3 Cross-Reporting

Ein weiterer Grund für den Erfolg des Grameen Konzepts liegt möglicherweise in den regelmäßig stattfindenden öffentlichen Treffen, bei denen alle wichtigen Aspekte der Kreditver-

[120]Armendáriz; Morduch (2000) S. 415-416.
[121]Yunus (2007) S. 2.

gabe und -rückzahlung geregelt werden und die außerdem die Kommunikation zwischen den Kreditnehmern ermöglichen. Yunus betont die Wichtigkeit dieses Vorgangs:

> „[...] all business conducted during center meetings should be done out in the open. This reduced the danger of corruption, mismanagement, and misunderstandings and it kept the leaders and the bank workers directly accountable to the borrowers.“[122]

Eine MFI in Kenia, die zunächst keine öffentlichen Treffen veranstaltete, hatte mit sehr schlechten Rückzahlungsraten zu kämpfen, obwohl sie sich ansonsten eng am Vorbild der Grameen Bank orientierte. Dies änderte sich erst, als sie dafür sorgte, dass Ein- und Auszahlungen öffentlich stattfanden.[123]

Rai und Sjöström führen dies drauf zurück, dass ohne gemeinsame Treffen der Kreditnehmer(gruppen) die Möglichkeit zu Querberichterstattung[124] fehlt. Querberichterstattung gewinnt vor dem Hintergrund, dass die Bank nur unvollständig über den Projektverlauf der Individuen informiert ist, an Bedeutung. Sie zeigen, dass ein Mechanism-Desgin[125] möglich ist, das durch Cross-Reporting auf übermäßig harte Strafen verzichtet und einem Gruppenkredit überlegen ist.[126]

In dem Modell ist absichtliches Nicht-Bedienen der Kreditschuld (wie auch in Abschnitt 6.2.3) die einzige Möglichkeit, durch die es zu einer Abweichung von der First-Best Lösung kommen kann. Um die Zahlung der Kredite durchzusetzen, verhängt die Bank Strafen, die aufgrund der Besitzlosigkeit der Individuen nicht-pekuniär ausfallen müssen. Denkbar ist hier z.B. die Verweigerung zukünftiger Kredite (vgl. Abschnitt 6.2.3).

Gruppenkredite mit gemeinsamer Bestrafung könnten bei ausreichend wirksamen Sanktionen dazu führen, dass Individuen die Zahlungen ihrer Partner übernehmen. Wenn man davon ausgeht, dass die Kreditvergabe effizient ist, stellt die Verweigerung zukünftiger Kredite aber einen Wohlfahrtsverlust dar. Aus der Sicht eines Wohlfahrtmaximierers müsste die Strafen demzufolge möglichst gering gehalten werden: „[H]arsh collective punishments would be imposed in equilibrium whenever the group cannot repay all the loans even by pooling its resources. For this reason, a simple joint liability loan without cross-reports in inefficient.“[127]

Es gebe zwei Individuen, die ab einem Konsum von $g_i = 0$ risikoneutral sind. Aufgrund beschränkter Haftung kann der Konsum nur nicht negative Werte annehmen ($g \geq 0$). Es sei ϑ_i die von der Bank erhobene nicht-pekuniäre Strafe. Der Nutzen des Individuums i beträgt damit $U(g_i, p_i) = g_i - \vartheta_i$. Der Output R_i nimmt mit Wahrscheinlichkeit $p(R)$ die Ausprägung H an. Mit Wahrscheinlichkeit $(1-p)$ wird kein Erlös realisiert. Bei perfekter Beobachtbarkeit der Erlöse betrüge der kostendeckende Zins der Bank

$$r = \frac{k}{p(h,h) + p(0,h)}. \tag{69}$$

Dabei ist $p(h,h)$ die Wahrscheinlichkeit, dass die Projekte beider Individuen erfolgreich verlaufen, und $p(0,h)$ die Wahrscheinlichkeit, dass nur eines der Projekte erfolgreich ver-

122 Yunus (1999), S. 66.
123 Vgl. Rai; Sjöström (2004) S. 230.
124 Mit Querberichterstattung (Englisch: cross-reporting) ist die Weitergabe von Informationen über den Projektverlauf anderer Individuen an die Bank gemeint.
125 Die Mechanism-Desgin-Theorie ist ein Teilgebiet der Spieltheorie. In einem Mechanism-Design werden Regel so festgelegt, dass das gewünschte Ergebnis entsteht. Vgl. Macho-Stadler; Pérez-Castrillo (2001) S. 169.
126 Vgl. Rai; Sjöström (2004) S. 225-229.
127 Rai; Sjöström (2004), S. 218.

läuft. Es wird weiterhin angenommen, dass lediglich die Individuen die Erlösrealisierung $R = (R_1, R_2)$ beobachten können. Der Zins aus Gleichung (69) wird damit unerreichbar.

Es werden nun zwischen den Individuen geschlossene Verträge auf ihre Wohlfahrtswirkung untersucht. Generell ist zwischen ex-ante und ex-post Verträgen zu unterscheiden. Ex-ante Verträge werden vor der Outputrealisierung geschlossen. Zwar kann mit ex-ante Verträgen eine Wohlfahrtsverbesserung erreicht werden, da sie in der Realität aber so gut wie nicht vorkommen, ist ihre Relevanz eher theoretisch. Sie werden deshalb hier nicht weiter betrachtet.[128] Ex-post Verträge werden nach der Outputrealisierung geschlossen. Der Zeitablauf ist Abbildung 8 dargestellt.

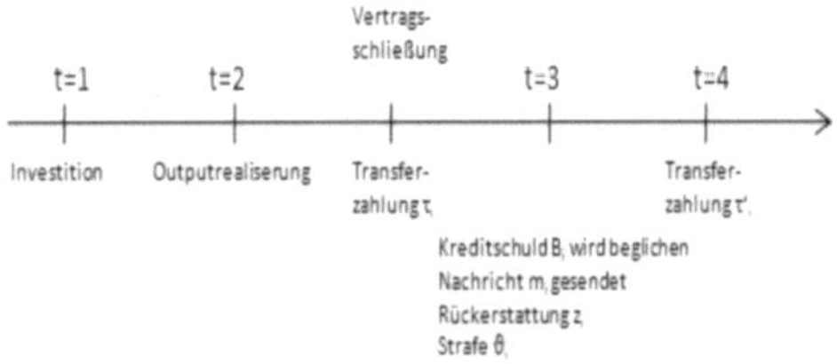

Abbildung 8: Ex-post Vertragsschließung zwischen Kreditnehmern. Angelehnt an Rai; Sjöström (2002) S. 224.

Es wird angenommen, dass die zwischen den Individuen geschlossenen Verträge vollständig durchsetzbar sind. Da der Output zum Zeitpunkt der Vertragsschließung bereits realisiert ist und ein unbegrenzter Nutzentransfer aufgrund des begrenzten Vermögens nicht stattfinden kann, ist eine effiziente Risikoteilung nicht mehr möglich. Dennoch können für die Individuen Anreize entstehen, sich bei asymmetrischer Erlösrealisierung gegenseitig zu unterstützen. Ein ex-post Vertrag spezifiziert für jedes Individuum $i \in \{1, 2\}$

- eine Transferzahlung τ_i vom Individuum i an das Individuum j,
- eine Nachricht $m_i \in M_i$, die das Individuum i an die Bank schickt,
- eine Rückzahlung b_i des Individuums i an die Bank
- sowie eine abschließende Transferzahlung τ'_i vom Individuum i an das Individuum j.

Den Individuen stehen vier verschiedene Strategien zur Auswahl. Strategie (0) ist es, nichts zu zahlen und der Bank keine Nachricht zu senden. Bei der Strategie $(0, \mu)$ bezahlt das Individuum nichts, teilt der Bank aber mit, dass das Projekt seines Partners erfolgreich verlaufen ist. Bei $\bar{R}$ bezahlt das Individuum seinen eigenen Kredit und bei A begleicht es beide Kredite, soweit dies möglich ist. Die möglichen Strategien können durch die Erlösrealisierung eingeschränkt werden. Wurde z.B. kein Erlös erzielt, sind lediglich Strategien (0) und $(0, \mu)$ möglich.

Ein Individuum, dessen Projekt gescheitert ist, kann seinem erfolgreichen Partner androhen, dies der Bank mitzuteilen, also Strategie $(0, \mu)$ zu verfolgen. Im Fall, dass das erfolgreiche Individuum nicht versucht, die Gesamtschuld der beiden Kreditnehmer zu begleichen, kann die Bank das Individuum mit einer Sanktion belegen und das andere Individuum für die Weitergabe der Information mit einer geringeren Sanktion belohnen. Ein wirkungsvoller Mechanismus kann dazu führen, dass sich die Individuen im Gleichgewicht gegenseitig

[128]Für eine formale Analyse der ex-ante Verträge vgl. Rai; Sjöström (2004) S. 221-223.

unterstützen und Strafen reduziert werden können. Außerdem ist zu beachten, dass durch die durchweg öffentliche Handhabung der Kreditvergabe und -begleichung, der auf die Individuen ausgeübte soziale Druck erhöht wird.

7.4 Weitere Aspekte

7.4.1 Kreditvergabe überwiegend an Frauen

Einige führende MFI vergeben Kredite ausschließlich an Frauen. Auch wenn Grameen Bank dies nicht von Anfang an tat, sind momentan 97% ihrer Klientel Frauen.[129] Andere MFI wie die BancoSol in Bolivien oder die Bank Rakyat in Indonesien haben Frauenquoten um die oder unterhalb von 50%.[130] Insgesamt liegt der Anteil von Frauen an der gesamten Mikrofinazklientel bei 84%.[131] Frauen scheinen generell höhere Rückzahlungsraten aufzuweisen.[132] Dies kann unterschiedlich erklärt werden. Zum einen wird argumentiert, dass Frauen insbesondere in EL aufgrund kultureller Hintergründe sehr viel sensibler als Männer auf soziale Sanktionen reagieren, wie der folgende Bericht dokumentiert.

> "When a woman fails to make her installment on time, she experiences humiliation through verbal aggression from fellow members and bank workers in the loan center. Such humiliation of women in a public place gives males in the household and in the lineage a bad reputation (*durnam*). In an extreme case peers may take the defaulter to the bank office. For a man, if he is locked inside the bank building for several days it would mean almost nothing to other people in the village. But if this happens to a woman then it will bring *durnam* to her household, lineage and village. People in other villages will also gossip about it."[133]

Zum anderen haben Frauen in EL oftmals Schwierigkeiten, am formellen Kreditmarkt zu partizipieren.[134] Dies führt dazu, dass die Verweigerung zukünftiger Kredite zu einer schwerwiegenderen Sanktion wird (vgl. Abschnitt 7.1). Ein weiterer Grund für die durchschnittlich höhere Rückzahlungsrate von Frauen kann auch in einer höheren Risikoaversion gesehen werden,[135] was tendenziell zu einer Bevorzugung von sicheren Projekten führt.

Die Kreditvergabe an Frauen scheint den Haushaltskonsum stärker steigen zu lassen als die Kreditvergabe an Männer.[136] Damit ist eine Armutsreduktion der Zielgruppen möglicherweise besser durch eine Beschränkung der Kreditvergabe an Frauen erreichbar. Andererseits führt eine Kreditvergabe an Männer tendenziell zu einem stärkeren Anstieg des Haushaltvermögens.[137] Oft wird auch auf die Fungibilität des Kredits innerhalb des Haushalts hingewiesen, womit es gleichgültig sei, ob der Kredit nun an die Frau oder den Mann vergeben wird.[138]

---

[129] Vgl. Yunus (2007).
[130] Vgl. Morduch (1999) S. 1574.
[131] Vgl. Hermes; Lensink (2007) S. 1.
[132] Vgl. Cheston; Kuhn (2002) S. 9-10.
[133] Bericht eines Ansässigen über die Wirkung sozialer Sanktionen auf Frauen in Bangladesch. Rahman (1999) S. 70 (Hervorhebungen im Original).
[134] Vgl. WomenAid International (2000).
[135] Vgl. Fehr-Duda et al. (2006) S. 306.
[136] Vgl. Khandker (1998) S. 55.
[137] Vgl. Khandker (1998) S. 61.
[138] Vgl. Hulme (2000) S. 85.

7.4.2 Flexible Handhabung von Kreditbesicherungen

Während üblicherweise ein Pfand daran gemessen wird, welchen Wert er der Bank im Falle einer Liquidierung bringt, sind MFI dazu übergegangen die Besicherung des Kredits in erster Linie an dem Wert, den ihr der Kreditnehmer beimisst, zu beurteilen. Oder abstrakter ausgedrückt: Der Wert eines Pfandes wird an dem Nutzenverlust gemessen, der dem Kreditnehmer durch die Entfernung des Pfandes aus seinem Besitz entsteht. Seine Funktion ist damit in erster Linie in seiner Anreizwirkung zu sehen und weniger in der Verlustabsenkung der Bank bei Nichtbegleichung des Kredits.[139]

Eine andere Möglichkeit der Kreditbesicherung besteht darin, den Kreditnehmer zu verpflichten, neben der Kreditrückzahlung einen regelmäßigen Sparplan einzuhalten. Die SafeSave Bank in Dhaka verlangt von Kreditnehmern beispielsweise vor einer Kreditzuteilung, dass sie mindestens drei Monate regelmäßig gespart haben.[140] Die Grameen Bank verlangt von ihren Kunden eine Sparleistung von 5% der gesamten Kredithöhe.[141] Der angesparte Betrag ist in der Regel erst nach Ablauf einer bestimmten Frist für das Individuum verfügbar. Im Fall, dass der Kreditnehmer seinen Kredit nicht zurückzahlt, kann der angesparte Betrag von der MFI einbehalten werden. Auf diese Weise entstehen Anreizeffekte, die dem eines echten Pfandes entsprechen. Außerdem kann die Bank ihren Verlust im Fall, dass der Kreditnehmer den Kredit nicht zurückzahlt, vermindern (vgl. Abschnitt 4.2). Der Sparbetrag wird normalerweise unterhalb des üblichen Zinssatzes verzinst, so dass eine zusätzliche Einnahmequelle für die Bank entsteht. Desweiteren können die Individuen auf ihre Zuverlässigkeit getestet werden. Wer es nicht schafft, über mehrere Monate einen Sparplan einzuhalten, wird mit höherer Wahrscheinlichkeit auch nicht die Disziplin aufbringen, einen Kredit über viele Monate abzuzahlen.

7.4.3 Der Microloan Officer

Ein weiteres zentrales Element der Arbeitsweise vieler MFI, das von informellen Kreditgebern übernommen wurde, ist der Einsatz von vor Ort arbeitendem Personal, das mit den Gegebenheiten des dörflichen Lebens vertraut ist. Die Grameen Bank vertritt die Auffassung, dass die Bank zu den Kunden kommen sollte und nicht umgekehrt.

> „Grameen Bank branches are located in the rural areas, unlike the branches of conventional banks which try to locate themselves as close as possible to the business districts and urban centers. First principle of Grameen banking is that the clients should not go to the bank, it is the bank which should go to the people instead.“[142]

Der Microloan Officer kann gegenüber der Bank in ähnlicher Weise Informationsvorteile erlangen, wie es bei den informellen Kreditgebern gegenüber den kommerziellen Banken der Fall war. Außerdem kann der Microloan Officer eine persönliche Beziehung zu den Kreditnehmern aufbauen, was die Rückzahlungswahrscheinlichkeit erhöht. Diesen Vorteilen steht die Entstehung von neuen Principal-Agent-Problemen zwischen dem Microloan Officer und der Bank gegenüber. So besteht die Gefahr, dass Kollusion zwischen dem Microloan Officer und dem Kreditnehmer stattfindet.[143]

[139] Vgl. Ledgerwood (1999) S. 138.
[140] Vgl. Staehle (2005) S. 2.
[141] Vgl. Yunus (2002).
[142] Yunus (2007) S. 2.
[143] Vgl. Fuentes (1996) S. 192-193.

Teil III
Eine kritische Bilanz

Während im letzten Hauptabschnitt das Augenmerk auf die Frage gerichtet war, wie MFI es geschafft haben, die Probleme asymmetrischer Information zu lösen und dadurch auch armen Individuen den Zugang zum Kreditmarkt zu ermöglichen, werden in diesem Hauptabschnitt die vermeintlichen Erfolge der Mikrokredite einer kritischeren Analyse unterzogen. Außerdem werden verschiedene Debatten um Mikrokredite dargestellt.

8 Gruppenkredite

8.1 Individuelle Kreditvergabe versus Gruppenkredite

Eine grundlegende Entscheidungen, die jede MFI zu treffen hat, ist die Wahl der Kontraktform, zu der Kredite vergeben werden. Vergibt sie lediglich Kredite an Gruppen, deren Mitglieder füreinander haften, vergibt sie Kredite an Individuen, die für sich selbst verantwortlich sind oder betreibt sie ein Mischung aus beidem?

In theoretischen Modellen konnten eine Vielzahl von Vorteilen, die die Einführung von Gruppenkrediten mit sich bringt, herausgearbeitet werden. Durch Gruppenkredite werden Informations- und Durchsetzungprobleme abgemildert (vgl. Abschnitt 6). Ein Großteil der Forschung zu dem Thema hat sich lange Zeit darauf konzentriert, wie es durch Gruppenkredite möglich wird, hohe Rückzahlungsraten herbei zu führen. Dabei sollte nicht vergessen werden, dass eine Wohlfahrtssteigerung der Kreditnehmer doch das eigentliche Ziel aller Kreditprogramme ist.

Teilweise erweckt die Vehemenz, mit der die Vorteile von Gruppenkrediten vertreten werden, jedoch den Eindruck es handele sich um eine Art Wunderkur gegen Armut.[144] Dem steht jedoch ein eher gemischtes Abschneiden der MFI gegenüber, die Gruppenkredite mit gemeinsamer Haftung vergeben.[145] Hinzu kommt, dass verschiedene MFI sich von Gruppenkrediten abgewendet haben und zu einer individuellen Kreditvergabe übergegangen sind. Besonders zu erwähnen ist, dass selbst die Grameen Bank die Kreditvergabe weniger streng an der gemeinsamen Haftung der Gruppenkredite orientiert und damit den wahrgenommenen Nachteilen der gemeinsamen Haftung von Gruppenkrediten Rechnung trägt.[146] Trotz dieser Tendenz ist anzumerken, dass immer noch der überwiegende Teil aller Mikrokredite als Gruppenkredit vergeben wird.[147]

Häufig kritisiert werden die hohen Transaktionskosten, die Gruppenkredite sowohl für die MFI als auch für den Kreditnehmer mit sich bringen. Teilweise müssen die Kreditnehmer sehr lange Wege in Kauf nehmen, um an den obligatorischen Gruppentreffen teilzunehmen.[148] Ein weiterer Kritikpunkt ist der soziale Druck, der durch gemeinsame Haftung entsteht und sogar in körperlicher Gewalt münden kann.[149] Zudem wird soziales Kapital in Form von persönlichen Beziehungen möglicherweise zerstört, was in Krisenzeiten dann nicht

[144] Vgl. Townsend (2003) S. 470.
[145] Vgl. Morduch (1999a) S. 1571.
[146] Vgl. Yunus (2002).
[147] Wenn auch nur ein kleiner Anteil aller MFI Gruppenkredite vergeben, vgl. Lapenu; Zeller (2001) S. 18-19.
[148] Vgl. Armendáriz de Aghion; Morduch (2000) S. 404.
[149] Vgl. Rahman (1999) S. 72.

mehr als Versicherung funktionieren kann. Besely und Coate führen an, dass Individuen, die bei individuellen Krediten ihren Kredit begleichen würden, c.p. dies bei Gruppenkrediten möglicherweise nicht tun. Bei ausreichenden sozialen Sanktionsmechanismen würde sich die Rückzahlungsrate jedoch insgesamt verbessern (vgl. Abschnitt 6.2.3).

Auf der anderen Seite wäre es auch denkbar, dass Individuen sich für ein risikoreicheres Projekt entscheiden, weil sie davon ausgehen, dass die anderen Gruppenmitglieder den Kredit für sie begleichen.[150] Gruppenkredite bringen Nachteile für besonders zuverlässige Kreditnachfrager mit sich, da diese besonders oft gezwungen sind, die Schulden ihrer Partner zu begleichen.[151]

Ein weiteres Argument, das gegen Gruppenkredite vorgebracht wird, besagt, dass die Screening-, Monitoring- und Durchsetzungskosten, die durch gemeinsame Haftung auf die Gruppe transferiert werden, zu hoch sind, um von den Individuen getragen zu werden. Außerdem seien Kreditvergaben, die wirtschaftliches Wachstum mit sich bringen, nur mit Individuen möglich, die in der Lage sind einen Pfand aufzubringen.[152]

Ein weiterer Nachteil von Gruppenkrediten, der sich besonders auf Individuen mit dynamischen Geschäftsplänen auswirkt, entsteht durch ein bei Gruppenkrediten üblicherweise relativ starres Reglement. Ergibt sich aus einem schnell wachsenden Geschäft eine genauso schnell steigende Kreditnachfrage, kann diese evtl. bei Gruppenkrediten nicht gedeckt werden.[153] Individualkredite können in Bezug auf Kredithöhe und Rückzahlungsmodalitäten flexibler an die Bedürfnisse des Kreditnehmers angepasst werden. Dementsprechend müssten Individuen mit dynamischen Geschäftsaussichten individuelle Kredite bevorzugen.[154] Das starre Regelement der Gruppenkredite wirkt sich auch negativ auf Kreditnehmer aus, die ihre Schulden unverschuldet, also z.B. auf Grund von Krankheit, Diebstahl, oder schlechten Marktbedingungen, nicht begleichen konnten. Qualtitative Forschung legt den Schluss nahe, dass infelxible Strafen möglicherweise übermäßig hart sein könnten.[155]

Der Hauptkritikpunkt, der gegen Individualkredite vorgebracht wird, besagt, dass die Erfordernis eines Pfandes das Erreichen ärmerer Schichten unmöglich macht.[156]

In einer der ersten empirischen Untersuchungen zum Thema Gruppenkredite untersucht Wenner Daten der *Fundacion Integral Campesina* (FINCA) in Costa Rica. Er kommt zu dem Ergebnis, dass niedergeschriebene Regeln offenbar einen größeren Einfluss auf die Rückzahlungsrate haben als Gruppenkredite. Außerdem scheint eine bessere Infrastruktur sich negativ auf die Rückzahlungsrate auszuwirken, was auf die bessere Verfügbarkeit alternativer Kreditbezugsmöglichkeiten zurückgeführt wird (vgl. Abschnitt 7.1). Zwar haben Gruppenkredite durch Ausnutzen von Monitoring- und Screeningeffekten innerhalb der Gruppe eine positive Wirkung auf die Rückzahlungsrate. Dieser Vorteil sei aber gegen die verschiedenen Nachteile von Gruppenkrediten abzuwägen.[157]

Cull et al. untersuchen in einer neueren Studie 124 MFI aus 49 verschiedenen Ländern. Die Daten sind allesamt dem MicroBanking Bulletin entnommen. Ziel ihrer Analyse ist es, die Frage zu beantworten, weshalb die hohen Rückzahlungsraten, die von MFI auf

[150]Vgl. Madajewicz (2003) S. 27.
[151]Vgl. Giné; Karlan (2006) S. 3.
[152]Vgl. Vigenina; Kritikos (2004) S. 156.
[153]Vgl. Madajewicz (2003) S. 2.
[154]Diese These wird empirisch bestätigt, vgl. Vigenina; Kritikos (2004) S. 172.
[155]Vgl. Copestake et al. (2001) S. 27. Diese Auffassung wird auf von Rai und Sjöström vertreten vgl. Abschnitt 7.3.
[156]Vgl. Khandker (1998) #
[157]Vgl. Wenner (1995) S. 278.

breiter Basis erzielt werden, bisher nicht in allgemeiner Profitabilität gemündet haben.[158] Dazu unterteilen sie die untersuchten MFI in drei Gruppen: (1) MFI, die Gruppenkredite vergeben, (2) Dorfbanken und (3) MFI, die individuelle Kredite vergeben. Während die Unterscheidung zwischen (1) und (3) offensichtlich ist, ist die Abgrenzung der Dorfbanken erklärungsbedürftig. Dorfbanken vergeben Kredite ebenfalls auf Basis von Gruppenhaftung, allerdings sind die Gruppen generell größer als bei (1).[159] Die Auswertung der Daten ergibt, dass MFI, die individuelle Kredite vergeben, bei einem höheren Zinssatz zwar ihre Profitabilität erhöhen, jedoch nur bis zu einem bestimmten Punkt. Dies spricht für die Existenz einer nach unten gebogenen Kreditangebotskurve der Bank (in einem Zins, Kredithöhediagramm) im Sinne von Stiglitz und Weiss (vgl. Abschnitt 3.1.3). Bemerkenswert ist, dass dieser Zusammenhang bei MFI, die Kredite auf der Basis gemeinsamer Haftung vergeben, nicht zu bestehen scheint, was darauf hindeutet, dass Gruppenkredite tatsächlich die in Abschnitt 3 geschilderten Probleme lösen.[160] Institutionen, die Kredite mit individueller Haftung vergeben, können ihre Profitabilität steigern, indem sie ihre Personalausgaben ausweiten. Im Kontext von Informationsproblemen lässt dies den Schluss zu, dass bei individueller Kreditvergabe höher qualifiziertes Personal notwendig ist, um Monitoring- und Screeningtätigkeiten durchzuführen, die im Gegensatz zur gemeinsamen Haftung nicht mehr gruppenintern stattfinden. Dieses Ergebnis wird durch anekdotische Berichte der *Microfinance Bank of Georgia* (MGB) illustriert, die sich zur Lösung von Moral Hazard Problemen auf ihr qualifiziertes Personal verlässt und auf Gruppenhaftung verzichtet.[161]

Zwar liefert die Studie Hinweise, dass Informationsprobleme durch Gruppenkredite effektiv gelöst werden. Dies alleine ist aber noch keine ausreichende Begründung für eine generelle Überlegenheit von Gruppenkrediten, da sie nicht die einzige Möglichkeit sind, Informationsprobleme zu lösen (vgl. Abschnitt 7).

Institutionen mit individueller Kreditvergabe scheinen insgesamt profitabler zu arbeiten. Außerdem gibt es Anzeichen für einen umgekehrten *Mission Drift* bei MFI, die individuelle Kredite vergeben.

> Financially self-sustaining individual-based lenders tend to have smaller average loan size and lend more to women, suggesting that pursuit of profit and outreach to the poor can go hand in hand."[162]

Dieser Zusammenhang besteht bei Institutionen, die Kredite mit gemeinsamer Haftung vergeben, nicht. Dementsprechend erscheint individuelle Kreditvergabe das Versprechen von Mikrofinanz, Profitabilität und Armutsbekämpfung zu vereinen, eher zu erfüllen als die oft mit Mikrofinanz synonym verstandenen Gruppenkredite. Die Befürchtung, dass bei individueller Kreditvergabe ärmere Schichten nicht zu erreichen sein, wird damit anscheinend gegenstandslos. Dennoch müssen ebenfalls die Kontexte beachtet werden, unter denen die Kredite vergeben werden. Gruppenkredite können unter bestimmten Umständen den individuellen Krediten überlegen sein und umgekehrt.

Es wurden theoretische Modelle entwickelt, aus denen sich ergibt, dass Gruppenkredite von ärmeren und individuelle Kredite von wohlhabenderen Individuen bevorzugt werden.[163] Vigenina und Kritikos stellen fest, dass die Wahl des Kreditkontraktes nicht alleine

[158]Vgl. Cull et al. S. 2-3.
[159]Vgl. Cull et al. S. 5,10.
[160]Vgl. Cull et al. S. 27-28.
[161]Vgl. Vigenina; Kritikos (2004) S. 167.
[162]Cull et al. (2007) S. 29.
[163]Vgl. Madajevicz (2003).

von dem Vermögen des Individuums abhängt. Selbst Kreditnachfrager mit ausreichend hohem Vermögen für die Besicherung eines individuellen Kredites, fragen zu einem bestimmten Anteil (ca. 11%), Gruppenkredite nach. Diese Individuen erzielen offenbar einen positiven Nutzen aus Gruppenkrediten.

> „These borrowers may also derive positive utility out of group contracts: Peer support works like an insurance against repayment problems of a borrower. If he had to manage his problems independently, as in the individual approach, he might have failed."[164]

Es wäre interessant zu wissen, welche Art von Kreditnehmern, die finanziell ausreichend ausgestattet sind, um einen individuellen Kredit zu beantragen, sich dennoch für einen Gruppenkredit entscheiden. Eine mit dem adversen Selektionsmodell aus Abschnitt 6.1.1 konsistente Hypothese lautet, dass sich besonders Individuen mit risikoreichen Projekten für Gruppenkreidte interessieren, wenn sie die Wahl zwischen individueller und gemeinsamer Haftung haben. Die Hypothese bleibt empirisch zu überprüfen.

Giné und Karlan untersuchen die *Green Bank of Caraga* (GBC) in Philippinen und nutzen dabei ein von der GBC durchgeführtes Experiment, um den Einfluss individueller Kreditvergabe und Gruppenkrediten auf die Rückzahlungsrate zu bestimmen. Die Individuen gingen anfänglich davon aus, dass sie einen Gruppenkredit mit gemeinsamer Haftung erhalten würden. Erst nach der Gruppenbildung wurde ihnen mitgeteilt, dass sie Kredite mit individueller Haftung erhalten würden. Dadurch können Selektionseffekte ausgeschlossen werden, so dass alle Auswirkungen auf die Rückzahlungsrate damit aus Anreizeffekten resultieren. Das überraschende Ergebnis ist jedoch, dass sich die Rückzahlungsrate trotz der Einführung von Individualkrediten nicht verschlechtert. Insgesamt steigt die Kreditnachfrage bei individueller Haftung jedoch.[165] Dies deutet an, dass Kundenreichweite und Profitabilität sich möglicherweise besser mit Individualkrediten erreichen lassen. Allerdings ist zu beachten, dass nur Anreizeffekte untersucht wurden. Andere Untersuchungen haben ergeben, dass Selektionseffekte einen positiven Einfluss auf die Rückzahlungsrate haben.[166] Außerdem ist die Untersuchung regional auf die Philippinen beschränkt. Weitere Studien in anderen Kontexten unter Einbeziehung von Selektionseffekten, sind notwendig, um die Ergebnisse zu überprüfen.

Es gibt viele Gründe, die für eine Überlegenheit von Individualkrediten sprechen. An dieser Stelle soll jedoch noch einmal darauf hingewiesen werden, dass der Gruppenkredit nicht nur ein Kollateralsubstitut ist, sondern für einige Individuen anscheinend einen positiven Nutzen generiert. Im Idealfall bietet die MFI beide Kontraktformen an. Denkbar ist beispielsweise eine anfängliche Vergabe von Gruppenkrediten bei unzureichendem Pfand und danach, wenn entsprechender Bedarf besteht, eine Umstellung auf Individualkredite. Damit könnten auch ärmere Individuen mit dynamischen Geschäftsperspektiven von Individualkrediten profitieren, wenn sie ihre Kreditwürdigkeit bewiesen haben.

8.2 Einfluss von sozialen Bindungen innerhalb der Gruppe

Die Ergebnisse aus dem Abschnitt 6.2, in dem gezeigt wurde wie Moral-Hazard-Probleme durch Gruppenkredite zumindest theoretisch gelöst werden können, legen nahe, dass die

[164] Vigenia; Kritikos (2004) S. 174.
[165] Vgl. Giné; Karlan (2006) S. 26.
[166] Vgl. Ahlin; Townsend (2005) S. 39.

Rückzahlungsrate positiv mit der Möglichkeit, soziale Sanktionen zu erlassen, korrelieren müsste. Insbesondere Besely und Coate stellen heraus, dass Gruppenkredite ohne die Möglichkeit sozialer Sanktionen wenig oder gar keinen Nutzen haben (vgl. Abschnitt 6.2.3). Außerdem sind Informationen über die Eigenschaften anderer Individuen eine notwendige Bedingung für den *Peer-Selektion-Effekt*, durch den Adverse Selektionsprobleme gelöst werden können (vgl. Abschnitt 6.1.1). Daraus könnte der Schluss gezogen werden, dass die Rückzahlungsrate umso höher ausfallen müsste, desto mehr soziales Kapital in der Gruppe vorhanden ist, da enge Bindungen stärkere soziale Sanktionen zulassen und bessere Informationen über die Eigenschaften anderer Individuen implizieren.[167] Gegen diese These spricht die möglicherweise höhere Kollusionswahrscheinlichkeit bei Individuen, die sich besser kennen. Armendáriz de Aghion und Gollier haben dargestellt, dass Effizienzsteigerungen durch Gruppenkredite auch ohne soziale Sanktionen oder Informationsvorteile der Individuen entstehen können (vgl. Abschnitt 6.1.2), was für eine Überbewertung des Einflusses sozialen Kapitals auf Rückzahlungsraten spricht. Im Folgenden werden verschiedene empirische Studien zu diesem Thema dargestellt und miteinander verglichen.

Wydick findet in seiner Untersuchung der *Fundation para el Desarrollo Integral de Programas Socioeconomicos* (FUNDAP) wenig Anhaltspunkte für einen Zusammenhang vormals existierender sozialer Bindungen und Rückzahlungsraten. Er führt dies darauf zurück, dass in erster Linie die Bindungen, die nach der Gruppenbildung entstehen, für gegenseitige Überwachung und Sanktionierung ausschlaggebend sind. Vormalige soziale Bindungen könnten sogar problematisch sein, da sie den Ausschluss eines Individuums aus der Gruppe bei Unzuverlässigkeit erschweren. Aus diesem Grund sind mehre Familienmitglieder innerhalb einer Gruppe nach den Regeln der FUNDAP nicht erlaubt.[168]

Zeller untersucht verschiedene MFI in Madagaskar und findet Anhaltspunkte dafür, dass soziale Bindungen innerhalb der Gruppe einen positiven Einfluss auf die Rückzahlungsrate ausüben. „Social cohesion, as measured in the model by the number of common bonds [...] significantly increases the repayment rate of groups. In socially cohesive groups, loan default by one member may incur significant utility losses that manifest themselves not only in a loss of reputation among friends and relatives, but also in reduced access to the informal social security network. One does not want to lose access to this network."[169] Ahlin und Townsend kommen zu einem gegenteiligen Ergebnis. „Here, non-cooperative behavior brings the monitor to use cheap penalties to enforce a higher probability of repayment than is optimal from the group's perspective. The common idea that social capital leads to better-behaving groups may thus be turned on its head. Lenders may even prefer groups with less social capital if this translates into less ability to collude."[170]

Bei dem Versuch den Zusammenhang von sozialen Bindungen (sozialem Kapital) und Rückzahlungsraten zu untersuchen, sehen sich alle bisher zitierten Untersuchungen mit Endogenitätsproblemen und dem Problem ausgelassener Variablen konfrontiert. Beispielsweise könnten Gruppen, die sich in Nachbarschaften gebildet haben und relativ starke soziale Bindungen aufweisen auch bessere Möglichkeiten haben gewinnbringende Investitionen durchzuführen. Außerdem haben Individuen mit besseren unternehmerischen Fähigkeiten

[167] Soziales Kapital wird nach Coleman als soziale Struktur, die bestimmte Aktionen der Akteure innerhalb der Struktur erleichtert. Dabei spielen insbesondere gegenseitige Verpflichtungen, Erwartungen, Vertrauen, sozialen Normen und Sanktionen sowie Informationsübermittlung eine Rolle. Vgl. Coleman (1988) *Social capital in the creation of human capital*, Zitat nach Casser et al. (2007) S. 85.

[168] Vgl. Wydick (1999) S. 466,474.

[169] Zeller (1996) S. 32.

[170] Vgl. Townsend; Ahlin (2005) S. 17.

möglicherweise generell engere Beziehungen zu anderen Individuen.[171] Möglich sind ebenfalls Endogenitätsprobleme, die zu einer negativen Korrelation von sozialen Bindungen und Rückzahlungsrate führen. Denkbar ist beispielsweise, dass Individuen, die mehr und engere soziale Kontakte haben, auch mehr Zeit für die Pflege dieser Kontakte aufwenden. Damit bliebe ihnen weniger Zeit für ihr Projekt, was letztendlich zu geringeren Rückzahlungsraten führen könnte. Untersuchungen, die diese Endogenitätsprobleme nicht kontrollieren, laufen Gefahr irrtümlich eine Korrelation von sozialen Beziehungen und besseren Rückzahlungsraten für eine Kausalität halten.

Soziale Experimente werden als ein geeigneter Weg gesehen, diese Probleme in den Griff zu bekommen. „Incorporating experimental designs into the program implementation will be one way to achieve more reliable estimates [...]."[172]

Der Weg sozialer Experimente unter Laborbedingungen wird von Abbink et al. beschritten. Im *Erfurter Laboratorium für experimentelle Wirtschaftsforschung* (eLab) wurden Studenten vor Entscheidungen gestellt, die denen der Mikrofinanzkunden ähneln. In dem Experiment investierten die Studenten in ein simuliertes Projekt, das mit einer Wahrscheinlichkeit $\frac{4}{5}$ einen Erlös von 420 Talern (eine für diese Experimente im eLab erfundene Währung) generierte. Mit Wahrscheinlichkeit $\frac{1}{6}$ erzielte das Projekt keinen Erlös. Der zu begleichende Kredit hatte pro Individuum eine Höhe von 210 Talern. Die Studenten wurden zu Gruppen verschiedener Größen $n = 4, 6, 8$ zusammgefasst. Scheiterte ein Projekt, war eine Rückzahlung des Kredits unmöglich. Bei einem erfolgreichen Verlauf konnten die Studenten entscheiden, ob sie sich an der Rückzahlung der offenen Kredite innerhalb der Gruppe beteiligen wollten. In dem Fall, dass sie sich für eine Rückzahlung entschieden, wurde die Gesamtschuld von $n240$ Talern auf die Studenten aufgeteilt, die sich entschieden hatten, den Kredit zurückzuzahlen. Je weniger Studenten entscheiden, sich an der Rückzahlung zu beteiligen, desto höher fällt die individuelle Zahlung derer aus, die sich beteiligen. Die Studenten waren bei ihren Entscheidungen voneinander abgeschirmt und konnten somit ihre Handlungen nicht gegenseitig beobachten. Beteiligten sich genug Individuen an der Rückzahlung ($j420 \geq n240$, es sei j die Anzahl der Individuen, die sich an der Kreditrückzahlung beteiligen), wurde das Spiel bis maximal zur zehnten Periode verlängert. Um ein Verhalten im Sinne des Experiments zu sichern und die Opportunitäskosten der Individuen auszugleichen, wurde den Studenten der erzielte Erlös in DM ausgezahlt. Der Wechselkurs wurde bei 0,02 DM/Taler festgelegt. Es wurden zwei Kontrollgruppen gebildet, um den Effekt sozialen Kapitals innerhalb der Gruppe auf die Rückzahlungsrate zu untersuchen. In der einen Gruppe fanden sich die Gruppenmitglieder selbstständig zusammen, in der anderen Gruppe wurden die Individuen zufällig eingeteilt.[173] Die Mitglieder der endogen gebildeten Gruppen beteiligten sich besonders rege an der Rückzahlung während der ersten Runden, dann nahm ihre Kooperation aber relativ stark ab. Die Kooperation bei den exogen gebildeten Gruppen begann auf einem niedrigeren Niveau, blieb aber in den folgenden Runden relativ stabil und übertraf schließlich sogar die Kooperation der selbst gebildeten Gruppen. Möglicherweise sind befreundete Individuen eher bereit nicht-kooperatives Verhalten (also absichtliches Nicht-Bedienen der Kreditschuld) zu tolerieren.[174]

Problematisch bei diesem Experiment ist zum einen die Tatsache, dass es sich bei den Teilnehmern nicht um typische Mikrofinanzkunden handelt. Deutsche Studenten unterschei-

[171]Vgl. Karlan (2007) S. 53-54.
[172]Armendáriz de Aghion; Morduch (2005) S. 222.
[173]Vgl. Abbink et al. (2002) S. 6-11.
[174]Vgl. Abbink et al. (2002) S. 14-15.

den sich sicherlich in einer Vielzahl von Eigenschaften von Mikrofinanzkunden in EL. Geht man von einem abnehmendem Grenznutzen des Geldes aus, ist der mögliche Nutzen aus dem Experiment nicht mit dem möglichen zusätzlichen Nutzen eines in extremer Armut lebendem Menschen vergleichbar. Um eine ähnliche Anreizstruktur zu sichern, wären wesentlich höhere Geldbeträge notwendig, was aber den finanziellen Rahmen des Experiments überschreiten dürfte.

Armendáriz de Aghion und Morduch kritisieren, dass Teilnehmern des Experiments mitgeteilt wurde, dass es sich um ein zehnperiodiges Spiel handelt. Spieltheoretisch lässt sich bei einem endlichen Spiel durch Rückwärtsinduktion herleiten, dass die teilspielperfekte Lösung ab der ersten Periode nicht-kooperatives Verhalten ist. In der Realität lässt sich solches Verhalten zwar nie beobachten, dennoch könnte durch die Bekanntgabe, dass es sich um ein endliches Spiel handelt, für bestimmte Individuen[175] ein Anreiz entstehen, eher zu einem nicht-kooperativem Verhalten überzugehen, als dies bei einer unbekannten Spieldauer der Fall wäre.[176]

Karlan nutzt eine Möglichkeit, die sich aus einem natürlichen Experiment bei der Mikrokreditvergabe der FINCA in Peru ergibt. Im Gegensatz zu anderen MFI verhindert die FINCA endogene Gruppenbildung. Möchte ein Individuum einen Kredit beantragen, wird es auf eine Liste gesetzt. Sobald 30 Individuen auf der Liste stehen wird eine Gruppe gebildet (deren Mitgliederzahl ist jedoch kleiner als 30). Demnach müsse das Niveau sozialer Bindungen innerhalb der Gruppe exogen sein. Geographische Nähe und kulturelle Ähnlichkeit werden als Indikatoren für soziale Bindungen in der Gruppe verwendet. Es zeigt sich, dass sich soziale Bindungen positiv auf die Rückzahlungsrate auswirken. Da Selektionseffekte ausgeschlossen seien, folge dieser Effekt lediglich aus verbesserten Monitoring- und Durchsetzungsmöglichkeiten, die durch engere soziale Bindungen entstehen.[177] Bedenken kommen bei der Frage auf, inwieweit die Gruppenbildungsmethode der FINCA tatsächlich für Exogenität der sozialen Bindungen sorgt. So ist es zumindest vorstellbar, dass Individuen mit überdurchschnittlicher Kreditwürdigkeit versuchen, mit ihnen bekannten Individuen, deren Kreditwürdigkeit sie ebenfalls als überdurchschnittlich einschätzen, auf eine Liste zu kommen, um so die Möglichkeit zu erhöhen, mit diesen Individuen in eine Gruppe eingeteilt zu werden. Zugegebenermaßen ist davon auszugehen, dass dieser Effekt nicht allzu groß ausfällt.

Cassar et al. führen ebenfalls verschiedene Experimente in Südafrika und Armenien durch, um den Einfluss von relationalem Sozialkapital auf die Rückzahlungsrate zu ermitteln. Es werden zwei Arten von Experimenten durchgeführt: Ein Vertrauensspiel und ein Mikrofinanzspiel. Das Vertrauensspiel besteht aus zwei Phasen und wird von zwei zufällig ausgewählten Spielern gespielt. Ziel des Spiel ist es, das in der Gesellschaft vorhandene Vertrauen zu messen. Beide Spieler haben ein bestimmtes Anfangskapital, das nicht unbedingt gleich sein muss. Ein Spieler wird als Sender und der andere als Empfänger eingeteilt. In der ersten Phase entscheidet der Sender, wie viel Geld er dem Empfänger schicken möchte. Der gesendete Betrag wird vom Spielleiter mit drei multipliziert und an den Empfänger übergeben. In der zweiten Phase entscheidet der Empfänger, wie viel des erhaltenen Betrages er an den Sender zurückschickt. Der Anteil am gesamten verfügbaren Betrag, den der Sender an den Empfänger schickt, wird als Maß für Vertrauen verwendet. Der Anteil am

[175]Möglicherweise in besonderem Maße für Studenten der Wirtschaftswissenschaften oder Mathematik, die mit Spieltheorie vertraut sind und einschätzen können, wie viele der anderen Spieler über gleiches Wissen verfügen.

[176]Vgl. Armendáriz; Morduch (2005) Fußnote 23 S. 102.

[177]Vgl. Karlan (2007) S. 53-54.

verfügbaren Betrag, den der Empfänger an den Sender zurückgeschickt, wird als Maß für die Vertrauenswürdigkeit verwendet. Das Mikrofinanzspiel entspricht im Wesentlichen dem von Abbink et al. (s.o.). Um dem oben beschriebenem Problem bei endlicher Spielwiederholung entgegenzuwirken, wird ab der sechsten Periode das Spiel mit einer $\frac{5}{6}$ Wahrscheinlichkeit abgebrochen.[178] Damit ist nicht-kooperatives Verhalten spieltheoretisch nicht länger die optimale Lösung. Das Vertrauensspiel hat den Zweck, das generelle, in der Gesellschaft vorhandene Vertrauen zu messen. Um das spezifische, interpersonelle Vertrauen zwischen dem Gruppenmitglieder zu messen, wurden die Teilnehmer des Experiments vor dem Beginn des Mikrofinanzspiels gebeten, anzugeben, inwieweit ist einer bestimmten Person in ihrer Gruppe vertrauten. Die konkrete Frage die ihnen gestellt wurde, lautete (sinngemäß übersetzt): Würden sie der Person X 1000 Dram (100 Rand) leihen? Eine bejahende Antwort korreliert positiv mit individuellen Beiträgen und der Lebensdauer der Gruppe. Das Ergebnis ist bei einem 99%-Niveau signifikant. Dagegen hat das gesellschaftlich vorhandene Vertrauen, das durch das Vertrauensexperiment bestimmt wurde, anscheinend keinen Einfluss auf das Verhalten der Individuen. Dieses Ergebnis trifft sowohl auf die untersuchten Gruppen in Südafrika als auch die in Armenien zu. Reine Bekanntschaften in der Gruppe haben ebenfalls keinen Einfluss auf das Abschneiden der Gruppe. Da soziale Sanktionen ohne Bekanntschaft der Individuen wirkungslos sein müssen, folgern Cassar et al., dass soziale Sanktionen nicht die Wirkung haben, die ihnen üblicherweise zugeschrieben wird. Interpersonelles Vertrauen scheint demnach einer der wichtigsten Determinanten der Rückzahlungsrate bei Gruppenkrediten zu sein. Dies erscheint bei den Anreizen die durch dynamische Initiativen gesetzt werden plausibel. Für ein Individuum ist es unter diesen Umständen rational, sich an der Rückzahlung zu beteiligen, wenn es davon ausgeht, dass die anderen Gruppenmitglieder sich ebenfalls beteiligen.[179]

Bei der Entwicklung von Mikrokreditprogrammen sollte dementsprechend Wert darauf gelegt werden, Raum für persönliche Interaktion zwischen den Gruppenmitgliedern zu schaffen. Vertrauensbildende Maßnahmen könnten institutionalisiert werden. Das gewonnene Vertrauen dürfte sich positiv auf die Rückzahlungsrate auswirken.

9 Zur Wirkamkeit von Mikrokreditprogrammen

Es gibt viele Annekdoten über die armutsreduzierende Wirkung von Mikrokrediten. Ein bewegendes Beispiel ist der Lebensverlauf von Mufia Khatoon aus dem Norden von Chittagong[180].

> ""Mufia joined Grameen in late 1979. Her life had been filled with sorrow until that point. In 1963, at the age of thirteen, she was married by her father [...]. During her husband's long absences at sea on a fishing boat, Mufia's mother-in-law verbally abused her and made sure she received little if any food even after doing all the cooking. Mufia lived a half-starved existence for years. When her husband returned home, he often beat Mufia. [...] Suffering from malnutrition and anemia, she finally gave birth to a son who survived, but it left her in a precarious state of health."[181]

178 Vgl. Cassar et al. (2007) S. 93-94.
179 Vgl. Cassar et al. (2007) S. 90-91.
180 Chittagong ist die zweitgrößte Stadt Bangladeschs.
181 Yunus (1999) S. 67.

Nachdem sie schließlich die Scheidung von ihrem Mann einleitete, lebte sie einige Jahren als Bettlerin. 1979 bot sich ihr die Gelegenheit, einen Kredit bei der Grameen Bank zu beantragen. Durch den Kredit konnte sie den Verkauf von Bambusrohen wieder aufzunehmen und sich damit eine bescheidene Exisitenz sichern.

> „[...] in 1979, she joined the Grameen Bank and borrowed 500 taka to restart her bamboo business. [...] During her first eighteen months as a Grameen Bank member, Mufia was able to buy 330 taka worth of clothing for herself and her children and cookware for 105 taka. These were luxuries that she had not had since she was divorced from her husband fifteen years earlier. She and her children were also eating more regularly and more nutritious food."[182]

Der zentrale Zweck von Mikrokrediten ist die Armutsbekämpfung. Sie sollen arme Individuen in die Lage versetzen, ihre intertemporale Konsumkurve zu glätten und Selbstbeschäftigung zu generieren. Auf diese Art können externe Schocks aufgefangen werden und Armut kann direkter bekämpft werden, da nicht erst ein höheres Wachstum erzielt werden müsse, das dann über ein „trickle down" Effekt oder Umverteilung Armut reduziert. Außerdem können die Individuen ihre Risiken durch Einkommensdiversifikation abmildern.[183] Die Vorteile von Mikrokediten gehen nach der Meinung ihrer Befürworter jedoch über ihre Funktion als Projektfinanzierung hinaus. Mikrokredite können zur Finanzierung teurer Operationen oder auch einfach zum Kauf von Medikamenten verwendet werden, die sonst nicht bezahlbar wären. Außerdem könne in die Ausbildung der Kinder investiert, höhere Impfraten erzielt und Benachteiligungen von Frauen reduziert werden. Dadurch, dass die vergebenen Kredite für gewöhnlich nicht zweckgebunden seien, können die Kreditnehmer selbst entscheiden, welche Verwendung der Kredite am sinnvollsten ist.[184]

Eine andere Sichtweise zielt darauf ab, dass Kredite in erster Linie an kleinere und mittlere Unternehmen gehen sollten, da diese besser in der Lage seien Beschäftigung zu generieren und schließlich Armut auf diese Weise besser bekämpft werden könne.[185] Außerdem wird die Allgegenwärtigkeit von Selbsthilfegruppen betont, wie beispielsweise den *Rotating Savings and Credit Associations* (ROSCAs).[186] Mikrofinanzprogramme führen zu einer ineffizienten Kreditallokation. Die Mikrounternehmen haben nach dieser Sichtweise nur ein begrenztes Wachstumspotential und sind somit in ihrer Möglichkeit, die Armut zu reduzieren ebenfalls beschränkt.[187] Mikrokredite seien bestenfalls in der Lage Menschen von einem Leben in Hunger in die Subsistenz zu führen. Trotz der erheblichen Verbreitung von Mikrokrediten in Bangladesch habe keine substantielle Reduktion der ländlichen Armut stattgefunden. Weiterhin wird angeführt, dass der ikonenartige Status von Mikrokrediten wichtige Ressourcen von anderen notwendigen Reformen, wie die Stärkung der Eigentumsrechte und des Wettbewerbs im formellen Finanzsektor ablenkt.[188] Adams und von Pischke bilanzieren: „[D]ebt is not an effective tool for helping most poor people enhance their economic condition".[189]

[182] Yunus (1999) S. 68.
[183] Vgl. Terberger-Stoy (2001) S. 51.
[184] Vgl. Littlefield et al. (2003) S. 1.
[185] Vgl. Daley-Harris (2006) S. 7.
[186] Für eine formale Erklärung der Arbeitsweise solcher Organisation vgl. Abschnitt B.
[187] Vgl. Bouman; Hospes (1994) S. 5-6.
[188] So Mitra, Braun vom *Liberty Institute*, Dehli in einer Emailkorrespondenz vom 28.11.07. Zur Persistenz der ländlichen Armut in Bangladesch vgl. Kahndker (2003) S. 5. Zur Stärkung der Eigentumsrecht vgl. De Soto (2000) S. 49 ff.
[189] Adams; Von Pischke (1992) S. 1469.

In Wirkungsanalysen wird der Einfluss von Mikrokreditprogrammen auf Armut untersucht. Dabei wird versucht, die Frage zu beantworten, inwieweit sich bestimmte Variablen (z.B. Konsum, Vermögen, Ausgaben für Gesundheit oder Schuljahre der Kinder) durch den Mikrokredit verändert haben relativ zu den Werten, die diese Variablen ohne den Mikrokredit angenommen hätten. Da ein Individuum nicht gleichzeitig einen Kredit erhalten und nicht erhalten kann, müssen Vergleiche zu anderen Individuen gemacht werden, die bis auf der Wirkung des Mikrokredits möglichst identischen Rahmenbedingungen ausgesetzt sind und ähnliche Eigenschaften aufweisen sollten.[190]

Eine Wirkungsanalyse Mikrokreditprogrammen auf Armut sieht sich (wie bei empirischen Analysen üblich) mit mit grundlegenden Endogenitätsproblemen sowie dem Problem ausgelassener Variablen konfrontiert:

- Es ist davon auszugehen, dass die Auswahl der Dörfer für ein Mirkokreditprogramm nicht zufällig erfolgt. Sozial motivierte MFI werden ihre Programme eher in ärmeren Dörfern ansiedeln.[191] Einer einfacher Vergleich mit Dörfern, in denen kein Mikrokreditprogramm stattgefunden hat, könnte demnach zu dem Schluss führen, dass Mikrokreditprogramme Armut verursachen.[192]
- Nicht-gemessene Dorfeigenschaften beeinflussen die Kreditnachfrage und das erzielte Einkommen der teilnehmenden Individuen. Bei diesen Variablen handelt es sich unter anderem um die vorhandene Infrastruktur, Umwelteinflüsse und die Entfernung zu größeren Städten.
- Außerdem dürfte die Selbstselektion der Individuen für die Teilnahme an MF-Programmen mit Faktoren zusammenhängen, die einen Einfluss auf den Grad der späteren Einkommenserhöhung haben. Variablen wie Art der Beschäftigung, Alter, Ausbildung können dabei relativ gut kontrolliert werden. Problematischer sind Faktoren wie unternehmerische Fähigkeit, Gesundheit oder Präferenzen die nur schwer festzustellen sind (vgl. Abbildung 9). Es ist denkbar, dass Individuen mit besseren unternehmerischen Fähigkeiten eher einen Mikrokredit beantragen.[193] Eine Außerachtlassung des Selbstselektionseffekt würde somit zu einer Überschätzung des armutsreduzierenden Wirkung der Mikrofinanzprogramme führen.[194]

Es gibt verschiedene Möglichkeiten, einen Vergleich zwischen verschiedenen Gruppen vorzunehmen (vgl. Abbildung 10). Die einfachste Methode wäre die unterschiedliche Entwicklung derjenigen, die an einem Mikrokreditprogramm teilnehmen (P_1), und derer, die keinen Mikrokredit erhalten ($P_1' \cup \overline{P}_1$), zu untersuchen. Wie oben beschrieben, ist aber davon auszugehen, dass ein solches Vorgehen die positiven Auswirkungen der Mikrokredite aufgrund von Selbstselektionseffekten überschätzt. Frühe Wirkungsanalysen beachteten den Selektionsbias nicht und kamen dadurch zu Ergebnissen, die die positive Wirkung von Mikrokrediten stark überschätzen.[195]

Eine Möglichkeit die Nicht-Zufälligkeit der Programm- und der Selbstauswahl zu kontrollieren, ist die sog. *differences-in-differences* Methode. Dabei werden zwei verschiedene Grup-

[190] Vgl. Hulme (2000) S. 81.
[191] Vgl. Khandker (2003) S. 6.
[192] Es gibt der Realität tatsächlich Beispiele für solche Trugschlüsse. Beispielsweise ließ ein russischer Zar Ärzte töten, nachdem er feststellte, dass besonders viel Ärzte in Gebieten mit erhöhter Krankeitsdichte auftraten.
[193] Vgl. Karlan (2001) S. 5.
[194] Vgl. Pitt; Khandker (1998) S. 965.
[195] Vgl. Coleman (1999) S. 109 für eine kritische Auseinandersetzung mit Studien dieser Art.

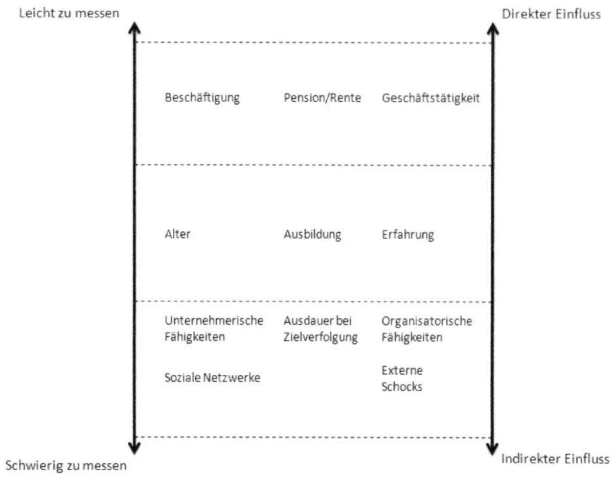

Abbildung 9: Übersicht über verschiedene Faktoren, die sich auf das Einkommen des Individuums auswirken. Vgl. Khandker (1998) S. 142, eigene Darstellung.

pen gebildet und untersucht: eine Gruppe mit Zugang zu einem Mikrokreditprogramm und eine Gruppe ohne Zugang. Es wird angenommen, dass alle relavanten Variablen zum Zeitpunkt des Programmstarts und dass alles Einflüsse während des Programmverlaufs gleich sind. Der wichtigste und schwierigste Teil einer solchen Untersuchung ist die Auswahl einer geeigneten Kontrollgruppe.[196]

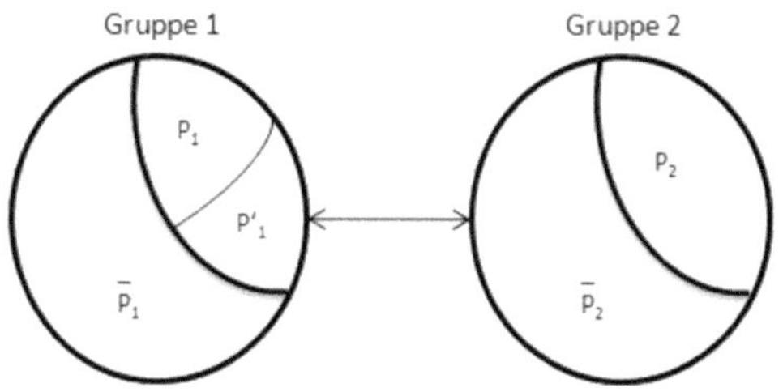

Abbildung 10: Untersuchung des Einflusses von Mikrokreditprogrammen. Die Individuen aus Gruppe 1 sind für ein Mikrokreditprogramm ausgewählt worden. Auf Grund bestimmter Kritirien haben jedoch nur P_1 und P_1' Zugang zu den Mikrokrediten. Durch Selbstselektion erhalten jedoch nur die Individuen in P_1 einen Mikrokredit. Die Gruppe 2 ist nicht für ein Mikrokreditprogramm ausgewählt worden. Es wird angenommen, dass sie aber die gleichen Eigenschaften wie Gruppe 1 hat. Aus Gruppe 2 kommen die Individuen in P_2 für eine Kreditvergabe in Frage. Es kann nicht determiniert werden, welche Individuen aus Gruppe 2 tatsächlich einen Kredit beantragen würden. Angelehnt an: Armendáriz de Aghion; Morduch (2005) S. 215.

Die *United States Agency for International Development* (USAID) versuchte den Einfluss von Mikrofinanz auf Armut durch den Vergleich älterer Mikrofinanzkunden mit neueren zu ermitteln. Es wurde gehofft, dadurch die oben beschriebenen Probleme lösen zu können, da allen untersuchten Individuen, ja den selben Selektionseffekten unterliegen müssen. Tatsächlich konnte eine starke armutsreduzierende Wirkung der Programme festgestellt werden.[197]

[196] Für eine allgemeine Beschreibung der differences-in-differences Methode vgl. Bertrand et al. (2001) S. 2.
[197] Vgl. Karlan (2001) S. 2.

Die beschriebenen Probleme können durch diese Vorgehensweise jedoch nicht zufriedenstellend gelöst werden. Es ist nicht unbedingt plausibel davon auszugehen, dass die Auswahl der Dörfer auch im Verlauf der Bestandsdauer einer MFI zufällig erfolgt. Eine junge MFI bevorzugt möglicherweise eher Dörfer, die einigermaßen wohlhabend sind, um ein frühzeitiges Scheitern in einem schwierigerem Umfeld zu vermeiden. Später, wenn die MFI finanzielle Stabilität erreicht hat, könnte sie dazu übergehen, Kreditprogramme auch in ärmeren Dörfern zu initiieren. Ein simpler Vergleich älterer und neuerer Programme würde demnach auch ohne tatsächliches Wirken der Programme eine armutsreduzierende Wirkung von Mikrofinanzprogrammen feststellen.[198] Außerdem ist zu beachten, dass bei den älteren Programmen ein nicht unbedeutender Teil der Kunden das Programm verlassen haben wird. Es spricht vieles dafür, dass ein Verlassen der Programme nicht zufällig stattfindet. Zum einen verlassen Individuen MF-Progamme auf Grund des Verlaufs ihrer Mikroprojekte (*Incomplete Sample Bias*). Zum anderen sind Individuen, die das Programm verlassen, in vielerlei Hinsicht anders als Individuen, die das Programm nicht verlassen (*Attrition Bias*).[199] Es ist einerseits denkbar, dass die ökonomisch stärkeren Kunden tendenziell eher die Programme verlassen, weil sie auf Grund ihres gestiegenen Vermögens individuelle Kredite bevorzugen und möglicherweise jetzt Zugang zu formellen Krediten haben (vgl. Abschnitt 8.1). Andererseits werden Individuen, deren Projekte gescheitert sind, in der Regel von der weiteren Kreditvergabe ausgeschlossen (vgl. Abschnitt 7.1). Die Ergebnisse der Studien von USAID, die die Unterschiede zwischen älteren und jüngeren Programmteilnehmern untersuchen, sind demnach nur eingeschränkt verwertbar.

Ein weiteres Problem liegt in dem evtl. divergierenden Einfluss der Programme auf individueller und aggregierter Ebene. Es ist denkbar, dass Individuen, die Mikrokredite erhalten und dadurch erfolgreich einer einkommensgenerierenden Tätigkeit nachgehen können, das Einkommen anderer Individuen reduzieren.[200] Um diesem Problem zu begegnen, untersucht Kahndker die Wirkung von Mirkokreditprogrammen auf Dorfebene in Bangladesch. (In Abbildung 10 entspricht dieses Vorgehen einem Vergleich von Gruppe 1 mit Gruppe 2.) Ein weiterer Vorteil dieser Methode ist, dass Selbstselektionseffekte vermieden werden. Er kommt zu dem Ergebnis, dass ca. 5% aller an Mikrokreditprogrammen teilnehmenden armen Individuen jährlich die Armutsgrenze überschreiten. Bei einer Teilnahme von ca. 20% aller Armen an Mikrokreditprogrammen, würde dies eine jährliche Reduktion von 1% der in Armut lebenden Haushalten bedeuten. Ein rapides Bevölkerungswachstum insbesonde bei ärmeren Schichten würde diese positive Entwicklung jedoch konterkarieren, so dass es insgesamt trotzdem zu einem Nettoanstieg der Armut kommen könne.[201] Die Nicht-Zufälligkeit der Dorfauswahl für Mikrokreditprogramme wurde nicht kontrolliert, was tendenziell zu einer Unterschätzung der Programmwirkung geführt haben müsste.

In einer anderen Studie über drei verschiedene MFI in Bangladesch stellt Kahndker fest, dass Mikrokredite für 40% der gesamten Armutsreduktion bei mäßiger Armut im ländlichen Gebiet verantwortlich sind. Mikrokredite haben nach der Untersuchung sogar einen positiven Spill-Over-Effekt auf Individuen, die nicht an den Programmen teilnehmen: Bei der Gruppe der Nichtteilnehmer konnte mäßige Armut um 1% jährlich und extreme Armut um 1,3% jährlich reduziert werden.[202]

[198] Vgl. Karlan (2001) S. 7.
[199] Vgl. Karlan (2001) S. 2-5.
[200] Khandker (1998) S. 6?
[201] Vgl. Kahndker (1998) S. 60.
[202] Vgl. Khandker (2003) S.#

Coleman untersucht 14 Dörfer im Nordosten von Thailand zu insgesamt vier verschiedenen Zeitpunkten. Zum Zeitpunkt der ersten Erfassung hatten bereits 8 Dörfer eine Dorfbank seit zwei bis drei Jahren. In den übrigen 6 Dörfern, war zwar bereits nach den üblichen Prozeduren entschieden worden, wer einen Kredit erhalten sollte, die Banken begannen aber erst ein Jahr später mit der Arbeit. Damit wurde ein einfacher Vergleich zwischen den Gruppen möglich, der den Selektions- und den Dorfauswahlbias ausschaltet.[203] Die Nullhypothese, dass keine Armutsreduktion statfindet, kann aufgrund der Daten aber nicht zurückgewiesen werden. Eine signifikante Wirkung der Mikrokredite scheint hingegen in einer Reduktion der Gesundheitsausgaben für Männer zu bestehen. Außerdem deuten die Daten auf einen Anstieg der Kreditvergabe von Frauen hin, die wohl dazu übergegangen sind, Arbitragegeschäfte zu tätigen. Es ist jedoch zu beachten, dass Thailand im Vergleich zu Bangladesch ein relativ wohlhabendes Land mit einer guten Abdeckung durch den formellen Finanzsektor ist.[204] Dies spricht dafür, dass auch Mikrokreditprogramme abnehmendem Grenznutzen unterliegen und damit in Ländern mit einem weniger segmentierten Kreditmarkt nicht die Wirkung entfalten können, die sie in von Kreditrationierungen geprägten Ländern haben.

Im Gegensatz zu anderen diskutierten Fragen im Bereich der Mikrokredite,[205] scheint die Frage, ob Mikrokreditprogramm eine armutsreduzierende Wirkung haben, von der Literatur insgesamt relativ einstimmig bejaht zu werden, auch wenn das Ausmaß der festgestellten Armutsreduktion auf Grund der verschiedenen statistischen Vorgehensweisen, unterschiedlich ausfällt.[206]

Eine häufig vorgebrachter Kritik an Mikrofinanzprogrammen lautet, dass sie nicht in der Lage seien, die extrem Armen zu erreichen. Diese verfügen nicht über ausreichend Humankapital, um durch Selbstbeschäftigung Einkommen generieren zu können und werden deshalb von der Vergabe von Mikrokrediten ausgeschlossen.

Hulme und Mosley untersuchen 13 verschiedene MFI in sieben Ländern und kommen zu dem Ergebnis, dass sich die positive Wirkung von Mikrokrediten bei Kreditnehmern unterhalb der Armutsgrenze nur bedingt entfalten kann.[207] Zu einem gegenteiligen Ergebnis kommt Khandker: „In particular, we find that micro-finance helps reduce extreme poverty more than moderate poverty at the village level."[208]

Wenn Hulme und Mosely Recht haben, könnte es notwendig sein, Zinsen für besonders arme Kreditnehmer durch Subventionen abzusenken, um sicher zu stellen, dass auch sie von Mikrokrediten profitieren können. Die Rolle von Subventionen bei Mikrokreditprogrammen wird im nächsten Abschnitt untersucht.

10 Subventionen: Zielkonflikte und Trade-offs

10.1 Poverty Lending versus Financial Systems

In der optimistischen Rhetorik der Anhänger einer in erster Linie auf finanzielle Unabhängigkeit ausgerichteten Mikrofinanz wird der Eindruck vermittelt, dass eine Win-Win-Situation

[203]Vgl. Coleman (1999) S. 110.
[204]Vgl. Coleman (1999) S. 132-133.
[205]Z.B. sind Fragen um die Kontraktform (vgl. Abschnitt 8.1) oder um Subventionen (vgl. Abschnitt 10) sehr umstritten.
[206]Khandker (2003) S. 3. Für einen Überblick über Literatur zu Wirkungsanalysen vgl. Littlefield et al. (2003).
[207]Vgl. Hulme; Mosley (1998) S. 786.
[208]Khadnker (2003) S. 21.

möglich sei, bei der Armut weltweit kostenlos reduziert werden könne.[209]

Eine solche Vorstellung weckt verständlicherweise Emotionen und hat sicherlich auch dazu beigetragen, dass Mikrofinanzprojekte mit großer Energie durchgeführt und unterstützt werden.[210] Dadurch, dass unabhängige Institutionen nicht auf Geldgeber angewiesen wären, unterlägen sie in Bezug auf ihr Wachstum weniger Restriktionen. Auf dieses Weise können letztendlich mehr arme Kunden erreicht werden. Dies ist eines der Hauptargumente des *Financial Systems* Lagers.[211]

Hinter diesem Gedanken steht die Überzeugung, dass für die Kreditnehmer der Zugang zu Krediten im Vordergrund steht und nicht niedrige Zinsen ausschlaggebend sind. Es wird davon ausgegangen, dass die Rückzahlung hoher Zinsen für arme Kreditnehmer kein Problem darstellt. Mikroökonomisches Fundament dafür ist die konkav geformte Produktionsfunktion, bei der der Grenznutzen zusätzlichen Kapitals bei niedrigem Kapitaleinsatz sehr hoch ist.[212]

Auf der anderen Seite stehen die Anhänger einer in erster Linie auf Armutsreduktion ausgerichteten Mikrofinanz (*Poverty Lending Approach*). Diese Richtung betont die Wichtigkeit zusätzlicher unterstützender Maßnahmen, wie Coaching, Gesundheitsunterricht oder Unterstützung bei der Familienplanung. Zinssätze werden unterhalb des Marktpreises gehalten. Ziel ist es, besonders die Ärmsten der Armen mit Krediten zu versorgen und ihnen zu helfen, ihr Einkommen zu erhöhen. Die Grameen Bank und ihre Replikationen sind typische Beispiele für den *Poverty Lending Approach*. Die Mikrofinanzabteilung der BRI, die BancoSol in Bolivien oder die Association for Social Advancement (ASA) in Bangladesch sind die erste Reihe des *Financial Systems Approach*.[213]

Trotz der teilweise verhärteten Fronten haben beide Lager das gleiche Ziel, wie Rhyne anmerkt. „*[E]veryone involved in microfinance shares a basic goal: to provide credit and savings services to thousands or millions of poor people in a sustainable way*. Everyone wants to reach the poor, and everyone believes sustainability is important."[214] Einige Aspekte der Debatte zwischen den beiden Lagern werden in den folgenden Abschnitten untersucht.

10.2 Finanzielle Unabhängigkeit?

Ein Blick hinter die Fassade beispielsweise der Grameen Bank zeigt, dass manchmal „unkonventionelle" Buchführung, der wichtigste Grund für die selbst annunzierte finanzielle Unabhängigkeit ist. So rechnet die Grameen Bank implizite Subventionen nicht in ihre Bilanz mit ein. Nach Berechnungen von Morduch hat die Grameen Bank im Zeitraum von 1985-1996 ungefähr 175 Mio. US Dollar Subventionen erhalten. Dabei spielten vor allem indirekte Subventionen z.B. in Form günstiger Kapitalbereitstellung eine Rolle.[215]

Es gibt verschiedene Indikatoren, die den Grad der Subventionsabhängigkeit von MFI messen. Eine Möglichkeit ist es, den Zinssatz zu berechnen, der erhoben werden müsste, um c.p. kostendeckend zu arbeiten. Der *Subsidy Dependence Index* (SDI)[216] läßt jedoch ne-

[209] Vgl. Morduch (2000) S. 617.

[210] „The idea of attempting to reduce poverty in developing countries through the provision of loans by specialized financial institutions to microenterprises, urban and rural, has in recent years generated enthusiasm bordering on hysteria." Mosley; Hulme (1998) S. 783.

[211] Vgl. Hermes; Lensink (2007) S. 7.

[212] Vgl. Morduch (2000) S. 617.

[213] Vgl. Robinson (2001) S. 22.

[214] Rhyne (1998) S. 6, Hervorhebungen im Original.

[215] Vgl. Morduch (1999b) S.230-238.

[216] Vgl. Anhang A für eine mathematische Herleitung.

gative Effekte, die durch einen steigenden Zinssatz entstehen können, außer Acht. Außerdem wird kritisiert, dass der Index der Unabhängigkeit von Subventionen zu viel Bedeutung beimisst.[217]

Nach dem SDI hätte die Grameen Bank im untersuchten Zeitraum zu 75% höher liegenden Zinssätzen Kredite vergeben müssen, um ohne Subventionen auszukommen.[218] Insgesamt betrachtet scheint finanzielle Unabhängigkeit für MFI eher eine Ausnahme als die Regel zu sein.[219] Dies ist jedoch nicht zwangsläufig negativ zu bewerten. Wenn die Subventionen einen positiven Nettonutzen erzielen und alternative Verwendungen schlechter abschneiden, können Subventionen durchaus gerechtfertigt sein.

10.3 Trade-off von Profitabilität und Armutsbekämpfung

Letztendlich mündet die Debatte um die finanzielle Unabhängigkeit von MFI in der Frage, ob es sinnvoll ist, Zinsen durch Subventionen abzusenken.[220] Eine notwendige Bedingung, um diese Frage bejahen zu können, ist die die Existenz eines Trade-offs zwischen Profitabilität und Armutsbekämpfung. Verfechter des Financial Systems Lagers wie die CGAP bestreiten, dass ein solcher Zusammenhang, zumindest bei den am besten abschneidenden Programmen, besteht.[221]

Conning hingegen leitet einen Trade-off von finanzieller Unabhängigkeit und Erreichen besonders armer Schichten in einem theoretischen Modell her. Dabei ist einer seiner zentralen Annahmen, dass Monitoring-Kosten endogen sind und mit zunehmender Armut der Kunden ansteigen.[222]

In dem empirischen Teil seiner Arbeit zeigt Conning, dass MFI, die ärmere Kunden bedienen, deutlich höhere Personalkosten haben. Es ist plausibel anzunehmen, dass die höheren Kosten auf höhere Monitoring- bzw. Delegationskosten[223] zurückzuführen sind. Ein weiteres Indiz, das die These zu bestätigen scheint, ist die Tatsache, dass MFI mit einer ärmeren Klientel durchschnittlich höhere Zinsen erheben.[224]

Die Ergebnisse von Cull et al. deuten ebenfalls auf einen Trade-off hin, da in ihrer Stichprobe MFI mit durchschnittlich größeren Krediten tendenziell profitabler sind.[225] Die Kredithöhe wird oft als Indikator für den Grad verwendet, zu dem die unteren Einkommensschichten erreicht werden. Dabei sind niedrige Kredite ein Hinweis auf eher arme Kreditnehmer.

Ein Problem, das aus dem geschilderten Zielkonflikt resultieren kann, ist der *Mission Drift*. Mission Drift ist vor allem aus der Sicht sozial motivierter MFI ein Problem und ist – soweit er überhaupt existiert – eine negative Konsequenz zunehmender Kommerzialisierung. Durch den Druck, finanziell unabhängig zu arbeiten, könnten MFI dazu übergehen, sich von besonders armen Kunden abzuwenden. Dies würde eine Abkehr von ihrem ursprünglichen Ziel bedeuten.[226]

[217] Hier ist allerdings anzumerken, dass die Kritik sich eher an der Verwendung des SDI und nicht an dem Index selbst orientieren sollte.

[218] Vgl. Morduch (1999b) S. 244-245.

[219] Vgl. Morduch (2000) S.618.

[220] Vgl. Rhyne (1998) S. 7.

[221] Vgl. Christen et al. (1995).

[222] Conning (1999) S. 54.

[223] Delegationskosten entstehen, wenn die Überwachung von der Bank delegiert wird. Dieser Fall wird in dieser Arbeit nicht ausführlich thematisiert (für Gründe möglichen Auftretens vgl. Abschnitt 7.4.3). Für eine theoretische Analyse vgl. Conning (1999) S. 65-69.

[224] Vgl. Conning (1999) S. 72-74.

[225] Vgl. Cull et al. (2007) S. 28.

[226] Vgl. Hishigsuren (2004) S. 30-31. Eine alternative äquivalente Bezeichnung ist *loan-size creep*. MFI könnten die Kredithöhe „herauf kriechen“ anstatt sich auf die besonders armen Kunden zu konzentrieren.

Es ist empirisch umstritten, ob ein Mission Drift tatsächlich stattfindet. In verschiedenen Untersuchungen konnte festgestellt werden, dass MFI mit zunehmendem Alter dazu übergehen, größere Kredite zu vergeben.[227] Außerdem scheinen stärker auf Profitabilität ausgerichtete MFI sich an eher wohlhabenden Kunden auszurichten. So vergeben die eher profitorientierten MFI in Südamerika durchschnittlich dreimal höhere Kredite als die eher sozial motivierten MFI.[228] Dies könnte ein Hinweis auf einen Mission Drift sein. Dieser ist allerdings abzugrenzen von der wünschenswerten Entwicklung, dass Kunden nach und nach wohlhabender werden und aufgrund ihres gestiegenen Vermögens größere Kredite nachfragen (und auch erhalten). Die Frage ist, welcher Effekt ausschlaggebend für die beobachteten Vorgänge ist. Die Consultative Group to Assist the Poorest (CGAP) argumentiert, dass die Vergabe immer größerer Kredite von MFI in Südamerika wohl in erster Linie auf die zunehmende positive Entwicklung der Kunden von MFI zurückzuführen ist. „The average loan balance of a typical microfinance institution could easily double or triple as both the program and its target group mature."[229] Dieser Effekt dürfte durch progressive Kreditvergabe verstärkt werden (vgl. Abschnitt 7.1).

In einer neueren Untersuchung zeigen Cull et al., dass es für MFI, die individuelle Kredite vergeben, profitmaximierend ist, ihr durchschnittliches Kreditvolumen zu erhöhen.[230] Zunehmende Kommerzialisierung, verstanden als Steigerung der Profitorientierung und Ausweitung des Wettbewerbs der MFI untereinander, müsste demnach bei Unterstellung von Rationalität zwangsläufig zu einem Abweichen von dem ursprünglichen Ziel führen, möglichst viele besonders arme Kunden mit Krediten zu versorgen.[231] Demnach könnte die derzeitige Tendenz von MFI, in erster Linie individuelle Kredite zu vergeben, ein weiteres Indiz dafür sein, dass ein Mission Drift stattfindet.

> „[...] the evidence suggests that for customers who are less poor and who are willing and able to invest in larger businesses, the group methods become cumbersome. Working with relatively few customers each with larger loans can be a path to financial self-sufficiency for lenders."[232]

Cull et al. finden dennoch Anhaltspunkte für einen *umgekehrten* Mission Drift bei MFI, die Kredite auf individueller Basis vergeben, was gegen das dargestellte Argument spricht (vgl. Abschnitt 8.1).[233]

Ein anderes Argument, das für Subventionen spricht und eng mit dem Problem des Mission Drift zusammenhängt, ist das Argument der Anschubssubventionierung. Es besagt, dass MFI besonders in den ersten Jahren ihres Bestehens auf Subventionen angewiesen sind, mit der Zeit aber finanziell unabhängig werden.

Die Logik dieses Arguments erinnert an Friedrich Lists *Infant Industry Argument* (IIA). Dieses Argument befürwortet Schutzzölle für neue Industrien, da diese durch den harten Wettbewerb mit den bereits etablierten Industrien sonst keine Überlebenschance hätten. Durch Lernkurveneffekte würden die Industrien schließlich wettbewerbsfähig werden, so

[227] Vgl. Armendáriz; Morduch (2005) S. 234.
[228] Vgl. Christen (2001) S. 13-14. Der Grad der sozialen Orientierung wird daran festgemacht, ob die MFI reguliert oder unreguliert ist. Regulierte MFI in Südamerika müssen bereits gem. den Richtlinien finanziell unabhängig sein. Es kann folglich angenommen werden, dass sie profitorientiert arbeiten.
[229] Christen (2001) S. 16.
[230] Vgl Cull et al. (2007) S.23. Die Aussage trifft auf MFI, die Kredite nur an Gruppen vergeben, zwar ebenfalls zu, jedoch in einem geringeren Ausmaß.
[231] Vorausgesetzt, dass die durchschnittliche Kredithöhe ein geeigneter Indikator für den Grad ist, zu dem ärmere Kunden erreicht werden.
[232] Cull et al. (2007) S. 6.
[233] Vgl. Hishigsuren (2004) S. 32-37 für einen Überblick über die Literatur.

dass die Zölle reduziert oder abgeschafft werden könnten. Problematisch an dem Argument ist allerdings, dass die „Kinderindustrien" oft nicht erwachsen wurden und an Schutzzöllen auf einer dauerhaften Basis festgehalten werden musste. Die (indirekten) Subventionen schafften – wie so oft – ihre eigene Nachfrage und wurden von mächtig gewordenen Lobbys vehement eingefordert. Zudem stellt sich die Frage, weshalb Staatsdiener bessere Informationen als der Markt darüber haben sollten, welche Industrie zukünftig einen komparativen Vorteil haben wird.[234]

Inwiefern ist das IIA auf die Situation in der Mikrofinanz anwendbar? Es gibt prinzipiell zwei Möglichkeiten für MFI profitabel zu werden. Eine Möglichkeit ist eine Kostenabsenkung, die andere einen Mission Drift.[235] Wenn tatsächlich der Mission Drift der ausschlaggebende Faktor für die mit der Bestehensdauer abnehmende Subventionsabhängigkeit ist, würde ein allmähliches Abklingen der Subventionen den Preis haben, dass weniger arme Kunden erreicht werden. Dauerhafte Subventionen wären erforderlich, um die Kreditversorgung besonders armer Kunden zu gewährleisten.

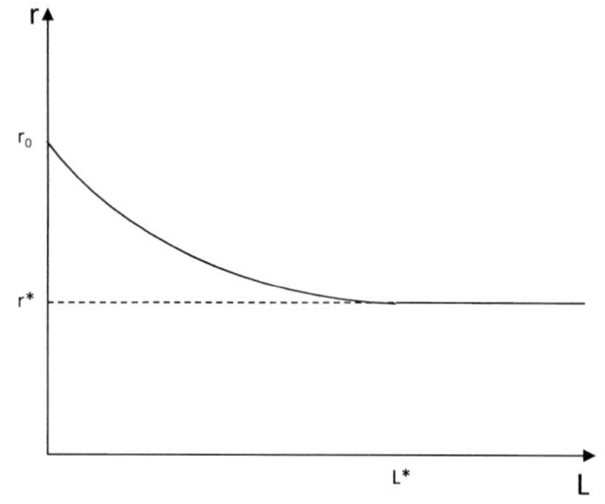

Abbildung 11: Intelligente Subventionen. Wenn die Bank ab einer Kredithöhe L^* kostendeckend arbeitet, könnten alle Kredite die links davon liegen, subventioniert werden. Auf diese Art könnte sichergestellt werden, dass für die MFI ein Anreiz besteht, auch ärmere Kreditnehmer mit Krediten zu bezahlbaren Zinsen zu versorgen. Angelehnt an: Armendáriz de Aghion; Morduch (2005) S. 249.I

Um die Wirksamkeit der Subventionen sicherzustellen und nicht den Markt mit günstigen Krediten zu überfluten, wie es bei den Mikrokreditprogrammen erster Generation der Fall war (vgl. Abschnitt 5.2), könnten strategische Subventionen, wie sie in Abbildung 11 dargestellt sind, ein probates Mittel sein. Um die für die mit der Vergabe kleinerer Kredite verbundenen Kosten zu kompensieren, wären Subventionszahlung für niedrige Kredite möglich. Wenn die MFI ab einer Kredithöhe L^* in der Lage ist, kostendeckend zu arbeiten könnten alle bis zu dieser Höhe vergebenen Kredite subventioniert werden.[236] Zugegebenermaßen bestehen bei der genauen Augestaltung einer solchen Subventionsvereinbarung selbst zahlreiche Gefahren, ungewollte Anreize zu setzen.

[234]Vgl. Wagner et al. (1989) S. 70. Eine konträre, pro-protektionsitischere Ansicht wird beispielsweise von Chang (2007) vertreten.

[235]Eine dritte Möglichkeit ist darin zu sehen, dass die gleichen Kunden wohlhabender werden. Dies könnte jedoch auch als Mission Drift interpretiert werden.

[236]Vgl. Armendáriz; Morduch (2005) S. 248.

10.4 Kosten-Nutzen-Analysen

Die Existenz eines Trade-offs von finanzieller Unabhängigkeit und Armutsbekämpfung unterstreicht die Bedeutung der Kosten-Nutzen-Analysen von Subventionen. Ein Beispiel, das häufig zitiert wird, um zu zeigen, dass Profitabilität auch bei Erreichen sehr armer Kunden möglich ist, ist die BRI in Indonesien. Es gelingt ihr Kredite auch an sehr arme Individuen zu vergeben[237] und dennoch einen Profit zu erwirtschaften, der den Profit aus Krediten an kommerzielle Kredinehmer sogar noch übersteigt. Trotzdem muss ihre Kreditvergabepraxis in anderen Kontexten nicht unbedingt replizierbar sein. Der BRI[238] kommt zu Gute, dass den meisten ihrer Kunden – trotz ihrer Armut – gute Investitionmöglichkeiten zur Verfügung stehen.[239]

Um die Sinnhaftigkeit von Subventionen bewerten zu können, sind genaue Kosten-Nutzen Analysen notwendig, die möglichst vielen exogenen Faktoren Rechnung tragen. Etwas überraschend erscheint demnach ihr spärliches Vorhandensein. Die einzigen beiden vorliegenden Kosten-Nutzen-Analysen von MFI, sind die Arbeiten von Townsend und Yaron sowie Khandker.[240] Bemerkenswert ist, dass beide Arbeiten aus einem akademischen Umfeld stammen. Es ist durchaus möglich, dass MFI sich nicht dem Risiko einer negativ ausfallenden Evaluation aussetzen möchten und es deshalb vorziehen, „unwissend" zu bleiben. Ein Grund, weshalb Geberorganisationen sich ebenfalls bei Evaluationen zurückgehalten haben, könnte der oben diskutierte Glaube an eine nur anfänglich notwendige „Anschubssubvention" sein.[241]

Townsend und Yaron untersuchen die *Bank for Agriculture and Agricultural Cooperatives* (BAAC) in Thailand vor dem Hintergrund der Asien-Krise. 1995 erhielt die BAAC 4,6 Billionen Baht Subventionen. Um den Nutzen zu kalkulieren, den die BAAC ihren Kunden beschert, konzentrieren sie sich auf die ermöglichte Risikoreduktion der Kunden. Dabei beziehen sie sich auf ein theoretisches Modell von Townsend und Ueda für die thailändische Volkswirtschaft in dem entsprechenden Zeitraum. In diesem Modell können Individuen ihr idiosynkratisches Risiko, das z.B. durch Krankheiten, Unfälle oder Naturkatastrophen entsteht, durch Finanzinstitutionen abfedern.[242] Der Wohlfahrtsverlust, der entstünde, wenn die Individuen sich gegen Risiken nicht versichern könnten, wird auf 7% des jeweiligen Vermögens geschätzt. Bei einem durchschnittlichen Vermögen von 876.000 Baht von Haushalten im landwirtschaftlichen Sektor, beträgt der Wohlfahrtsgewinn durch die Risikoverringerung ca. 61.000 Baht. Nach einer Annualisierung des Wertes und Umrechnung auf die einzelnen Haushalte ergibt sich eine durch die BAAC erzeugte Risikoreduktion im Wert von jährlich 13,86 Billionen Baht. Demnach erscheint die Subventionierung der BAAC durchaus gerechtfertigt.[243]

Khandker untersucht die Grameen Bank, die BRAC sowie zwei Entwicklungsbanken, die Bangladesh Krishi Bank (BKB) und die Rajshahi Krishi Unnayan Bank (RAKUB), auf ihr Kosten-Nutzen-Verhältnis (vgl. Tabelle 6). Der Nutzen eines Kredits wird durch seinen Einfluss auf den Haushaltskonsum gemessen, was den tätsachlichen Nutzen unterschätzen dürf-

[237] Als Näherung für die Armut der Kunden einer MFI wird oftmals die durchschnittliche Kredithöhe verwendet. Je niedriger die durchschnittliche Kredithöhe ist, desto ärmer sind die Kunden der MFI tendenziell.

[238] Vgl. Abschnitt 5.3 für eine kurze Beschreibung ihrer Entwicklung.

[239] Vgl. Morduch (1999a) S. 1577-1578.

[240] Vgl. Hermes; Lensink (2007) S. 7.

[241] Vgl. Armendáriz de Aghion; Morduch (2005) S. 233. Diese Argumentationslinie entspricht der von Pritchett *It pays to be Ignorant: A Simpe Political Economy of Rigorous Program Evaluation* (2002).

[242] Vgl. Townsend; Ueda (2006) S. 254-258.

[243] Vgl. Townsend; Yaron (2001) S. 32.

Tabelle 6: Kosten-Effektivität verschiedener Mikrokreditprogramme

	Grameen Bank	BRAC	BKB	RAKUB
Netto Subventionen	598	272	2943	896
Durchschnittlich Höhe eines noch nicht beglichenen Kredits	3488	612	20098	9174
Marginaler Nutzen aus dem Kredit	18,9; 11,6	17,2; 12,5	3	3
Nutzen Insgesamt[a]	659; 405	77; 105	603	275
Kosten-Nutzen-Verhältnis[b]	0,91; 1,48	3,53; 2,59	4,88	3,26

Ab der Zeile *Marginaler Nutzen aus dem Kredit* bezieht sich der linke Eintrag in einer Zelle auf weibliche und der rechte Eintrag auf männliche Kreditnehmer.
Alle Angaben in Mio. Taka, soweit nicht anders angegeben.
a. Durchschnittliche Höhe eines noch nicht beglichenen Kredits multipliziert mit dem marginalen Nutzen.
b. Verhältnis Kosten insgesamt zu Nutzen insgesamt. *Quelle:* Khandker (1998) S. 136.

te, da andere Effkte wie Humankapital- oder Vermögensbildung nicht betrachtet werden. Die gemessenen Subventionen umfassen sowohl direkte als auch indirekte Subventionen, z.B. in Form vergünstigter Kapitalbereitstellung. Der marginale Nutzen aus einem Kredit hat den höchsten Wert bei Kredit der Grameen Bank. Da der Nutzen durch die Auswirkung auf den Haushaltskonsum gemessen wird, bedeutet der Wert von 18.9 bei Frauen, einen Anstieg von 18 Tk für alle 100 Tk Kredit. Bei Männern liegt dieser Wert etwas niedriger. Dividiert man die Kosten durch den errechneten Nutzen ergibt sich für die Grameen Bank ein Kosten-Nutzen-Verhältnis von 0,91,[244] was bedeutet, dass für die Gesellschaft 0,91 Tk für jede Tk Konsumanstieg bezahlt. Im Vergleich zu anderen entwicklungspolitischen Maßnahmen Nahrungsinterventionen oder Infrastrukturprojekten, deren Kosten-Nutzen-Verhältnis nach Khandkers Berechnungen deutlich über 1 liegen, schneitet die Grameen Bank damit sehr gut ab. Eine effizientere Ressourcenallokation sei möglich, wenn die Regierung mehr Mittel für Programme mit besseren Kosten-Nutzen-Verhältnissen bereitstellen würde.[245]

Dennoch bleibt festzuhalten, dass die beschriebenen Kosten-Nutzen-Analysen in vielerlei Hinsicht in ihrer Aussagekraft beschränkt sind. Sie stellen lediglich eine Momentaufnahme dar und liefern deshalb keine Information über die Zukunft oder kontrafaktische Situationen. Außerdem werden die Opportunitätskosten der Subventionierung nicht in die Analyse miteinbezogen.[246]

Nach den schlechten Erfahrungen mit subventionierten Kreditprogrammen (vgl.Abschnitt 5.2) sind negative Einstellungen zum Thema Subventionen verständlich. Die (gedankliche) Abkehr von ihnen war zudem sicherlich ein Schritt in die richtige Richtung. Dennoch scheint ideologieloser Umgang mit dem Thema Subventionen, bei dem Kosten und Nutzen gegeneinander abgewogen werden, ein geeigneter Weg zu sein, die Debatte zwischen den Poverty Lending und Financial Systems Lager rational nach vorne zu bringen. Kosten-Nutzen Analysen sollten von den Geldgebern bereits aus Eigeninteresse eingefordert werden. Dies ist einem naiven Vertrauen auf eine zukünftige Profitabilität vorzuziehen. Für aussagekräftige Analysen sind vor allem genauere Daten notwendig, die Aufschluss über verschiedene, die Profitabilität und Armutsbekämpfung beeinflussende Faktoren geben. Auch hier kommt den Geldgebern eine Schlüsselposition bei der Durchsetzung zu.

[244] Dieser Wert bezieht sich auf die Kreditvergabe an Frauen. Über 90% der Grameen Kunden sind Frauen.
[245] Vgl. Khandker (1998) S. 133 ff.
[246] Vgl. Armendáriz; Morduch (2005) S. 242-243.

11 Fazit

Die Informationsprobleme, die eine Kreditvergabe zu bezahlbaren Konditionen in Entwicklungsländern lange Zeit verhindert haben und an denen die Mikrokreditprogramme erster Generation gescheitert sind, können durch Gruppenkredite gelöst werden, wie in verschiedenen Modellen gezeigt wurde. Das adverse Selektionsproblem wird entweder durch Selbstselektion der verschiedenen Risikotypen in unterschiedliche Verträge (bei endogener Gruppenbildung) oder durch einen Risikotransfer von der Bank auf die Individuen, sowie ein Absenken der Transaktionskosten vermindert. Die Moral-Hazard-Probleme können durch Monitoring und soziale Sanktionen innerhalb der Gruppe gelöst werden.

Dass dieser Lösungsansatz tatsächlich erfolgsversprechend ist, haben empirische Untersuchungen gezeigt. Neben Gruppenkrediten gibt es eine Vielzahl anderer Methoden, die sich ebenfalls positiv auf die Rückzahlungsrate auswirken und durch die, die beschriebenen Informationsprobleme gelöst werden können. Anzuführend sind hier die öffentliche Handhabung aller Aspekte der Kreditvergabe, hochfrequentige Rückzahlungspläne und die progressive Erhöhung des Kreditvolumens.

Hohe Rückzahlungsraten sind heute bei den meisten MFI Normalität. Dies ist ein gewaltiger Fortschritt gegenüber den Mikrokreditprogrammen der ersten Generation. Dennoch sollte das eigentliche Ziel der Programme – die Wohlfahrt ihrer Kunden zu erhöhen – nicht aus den Augen verloren werden. Es gibt eine Vielzahl von Hinweisen, dass Gruppenkredite nicht das beste Instrument sind, um dieses Ziel zu erreichen. Durch starre Regeln, die für Gruppenkredite üblich sind, werden Kreditnehmer auch dann von der weiteren Kreditvergabe ausgeschlossen, wenn sie unverschuldet in eine Lage geraten, die eine Rückzahlung unmöglich macht. Soziale Netzwerke, die die Funktion einer gegenseitigen Versicherung haben, könnten durch innerhlab der Gruppe entstehende Spannungen zerstört werden, soziale Sanktionen könnten in Gewalt eskalieren. Besonders erfolgreiche Mikrounternehmer mit einem höheren Kreditbedarf, werden durch die restriktive und starre Kreditvergabe bei Gruppenkrediten möglicherweise nicht ausreichend gefördert. Die momentan stattfindende Abkehr vom Gruppenkredit ist damit wohl insgesamt positiv zu beurteilen, selbst wenn festgestellt wurde, dass auch Individuen sich für einen Gruppenkredit entscheiden, die die finanziellen Anforderungen eines individuellen Kredits erfüllen. Offensichtlich ziehen Kreditnehmer z.B. durch gegenseitige Unterstützung einen positiven Nutzen aus Gruppenkrediten.

In den theoretischen Modellen wurden die informationellen Vorteile der Kreditnehmer gegenüber der Bank sowie die Möglichkeit sozialer Sanktionierungen durch die Individuen untereinander hervorgehoben. Daraus könnte gefolgert werden, dass höhere Vertrautheit der Mitglieder einer Kreditgemeinschaft zu höheren Rückzahlungsraten führt. Neuere empirische und experimentelle Untersuchungen bestätigen dieses These jedoch nicht. Dies ist möglicherweise darauf zurückzuführen, dass ein höherer Bekanntschaftsgrad der Individuen zu Kollusion bzw. mehr Toleranz gengenüber Verhalten führen könnte, das nicht im Interesse der Gruppe liegt. Eine wichtige Determinante für die Rückzahlungsrate scheint jedoch das interpersonelle Vertrauen der Gruppenmitglieder zu sein. Eine Rückzahlung des Kredits ist für ein Individuum nur rational, wenn die anderen Gruppenmitglieder ihre Schulden ebenfalls begleichen. Die Begleichung des Kredits ist damit ein Akt des Vertrauens darauf, dass die anderen Gruppenmitglieder sich ebenfalls ehrlich verhalten. Eine weniger ausschlaggebende Bedeutung kommt hingegen dem insgesamt gesellschaftlich vorhandenem Vertrauen zu.

Die Institutionalisierung interpersonell vertrauensbildender Maßnahmen könnte sich damit positiv auf die Rückzahlungsrate auswirken.

Es bleibt festzuhalten, dass der hauptsächliche Zweck von Mikrokrediten die Armutsreduktion ist. Die Hoffnung ist, dass die Mikrokreditkunden durch Selbstbeschäftigung der Armut entkommen. Außerdem ermöglicht die Inklusion in das Finanzsystem eine Glättung ihrer Konsumkurve und die Abmilderung externer Schocks. Nachdem verschiedene Endogenitätsprobleme bei den Wirkungsanalysen beseitigt wurden, die zu einer Überschätzung der Wirkung von Mikrokrediten geführt hatten, konnte tatsächlich in den meisten Fällen eine armutsreduzierende Wirkung festgestellt werden, die allerdings kontextabhängig ist. Eine Hypothese lautet, dass Mikrokredite abnehmendem Grenznutzen unterliegen und somit in relativ wohlhabenden Ländern, mit einer guten Abdeckung durch den formellen Finanzsektor, nicht die Wirkung entfalten wie in Ländern, die von Kreditrationierungen geprägt sind. Dies läßt die neuere Entwicklung von Mikrokreditprogrammen in Industrieländern fragwürdig erscheinen (s.u.). Der Ikonenstatus, den Mikrokredite zurzeit haben, hat sicherlich zur Mobilisierung von Kapazitäten beigetragen. Es besteht allerdings die Gefahr, dass eine Überfokussierung auf Mikrokredite wichtige Ressourcen von anderen Gebieten ablenkt.

Subventionen spielen weiterhin eine wichtige Rolle bei der Mikrokreditvergabe. Die Debatte um Subventionen ist jedoch stark ideologisch und von verhärteten Fronten bestimmt. Das eine (*financial systems*) Lager pocht darauf, dass finanziell unabhängige MFI weniger Wachstumsrestriktionen unterliegen und so letztendlich mehr Kunden erreichen können. Vom anderen (*poverty lending*) Lager wird betont, dass die durchweg hohen Rückzahlungsraten in den meisten Fällen nicht in Profitabilität gemündet haben. Es bestehe ein Trade-off zwischen der Bekämpfung von Armut und finanzieller Unabhängigkeit. Die von besonders Armen nachgefragten kleineren Kredite verursachen anteilig höhere Kosten und würden ohne Subventionen zu einer nicht tragbaren Zinsbelastung führen. Ein Trade-off kann außerdem formal mit bei zunehmender Armut der Kunden steigenden, endogenen Monitoring-Kosten formal hergeleitet werden. Subventionen können trotz aller Gefahren, die mit ihnen in Verbindung stehen, einen positiven Nettonutzen entfalten, was von den (beiden) bisherigen Kosten-Nutzen Analysen auch bestätigt wurde. Weitere Studien dieser Art sind notwendig, wobei eine eindeutigere Zielgewichtung wichtig wäre. Beispielsweise könnte eine bestimmte Armutsreduktion bei extrem Armen höher gewichtet werden als bei nur mäßig Armen.

Es gibt neuere Entwicklungen im Bereich der Mikrofinanz, aus denen sich weitere Fragestellungen ergeben. Lange Zeit wurde angenommen, dass Menschen in Entwicklungsländern zum Sparen zu arm seien. Erfolgreich verlaufende Microsaving-Projekte widerlegen diese Annahme. Mikroversicherungen scheinen sich ebenfalls großer Beliebtheit zu erfreuen.

Eine ständige Herausforderung für MFI ist es, ihre Kosten gering zu halten. Die MFI kann ihre Kapitalkosten und Risiken reduzieren, indem sie die Mikrokreditvergabe dezentral über eine Internetplattform ablaufen lässt. Menschen aus Industrieländern können so Kredite an Menschen in Entwicklungslädern vergeben. Die Organisation, die die Kreditvergabe organsiert, ist für den Screening- und Monitoringprozess verantwortlich. Das Kreditrisiko obliegt alleine dem Kreditgeber, der wohl aus einer sozialen Motivation handelt, da er – nach der derzeit üblichen Methode – für seine Kapitalbereitstellung keine Kompensation erhält.[247]

Eine andere Entwicklung ist die Etablierung von Mikrofinanzprogrammen in Industrieländern. Zwar sind Kreditrationierung in Industrieländern weniger üblich als in Entwick-

[247] KIVA (http://www.kiva.org) arbeitet derzeit nach diesem Konzept.

lungsländern, dennoch wird geschätzt, dass ca. 10% aller Europäer vom formellen Finazsystem ausgeschlossen sind. Bei Mikrounternehmensgründungen sind oft Unwissenheit über bürokratische Regelungen, Unsicherheit beim Umgang mit potentiellen Kreditgebern und fehlende betriebswirtschaftliche Grundkenntnisse ein Hindernis. Besondere Bedeutung kommt daher der Beratung zu. Vorreiter bei der Vergabe von Mikrokrediten in Europa sind derzeit Spanien und das Vereinte Königreich.[248]

Teil IV

Anhang

A Der Subsidy Dependence Index

Eine Möglichkeit den Grad der Subventionsabhängigkeit einer MFI zu messen ist der Subsidy Dependence Index.[249] Wenn nicht anders bestimmt, gelten die üblichen Variablenbedeutungen. Es seien D die erwartete Ausfallrate aller vergebenen Kredite, I alle Einküfnte aus sonstigen Investitionen, s die Summe aller impliziten Subventionen und C alle anfallenden Kapitalkosten. L bezeichne die Summe aller ausstehenden Kredite. Damit die Bank ohne Subventionen kostendeckend arbeiten kann muss folgende Bedingung erfüllt sein:

$$L(1+r^*)(1-D)+I=L+C+s. \tag{70}$$

Eine Umstellung nach dem bei Kostendeckung erhobenem Zins liefert:

$$r^*=\frac{C+s-I-LD}{(1-D)\,L}. \tag{71}$$

Wenn der gegenwärtige Zins r unterhalb des zur Kostendeckung notwendigen Zinses r^* liegt ($r<r^*$), beträgt der erforderliche prozentuale Anstieg des Zinses

$$\frac{r^*-r}{r}=\frac{\frac{C+s-I-LD}{(1-D)L}-r}{r}=\frac{C+s-I-LD-Lr-LDr}{(1-D)\,Lr}. \tag{72}$$

Bei dieser Berechnung wird angenommen, dass sich die durchschnittliche Ausfallrate D exogen ist und nicht durch einen Zinsanstieg nicht beeinträchtigt wird. Verschiedene negative Anreiz- und Selektionseffekte, die durch einen Zinsanstieg entstehen (vgl. Abschnitt 3) werden damit nicht beachtet. Außerdem beachtet der Index den Nutzen von Subventionen nicht.

Dennoch erfüllt der SDI seine Zweck, den Grad der Subventionsabhängigkeit der MFI anzugeben. Er sollte nicht als eine Handlungsaufforderung missverstanden werden, die Zinsen um den entsprechenden Prozentsatz anzuheben, um so finanzielle Unabhängigkeit zu erreichen.

[248] Evers et al. (2007) S. 20 ff.

[249] Vgl. Schreiner; Yaron (1999) S. 383-386.

B ROSCAs

Die sog. Rotating Savings and Credit Associations (ROSCAs) sind eine in Entwicklungsländern verbreitete Institution zur Finanzintermediation, die es vom formellen Finanzsektor ausgeschlossenen Individuen ermöglicht, zu sparen und Kredite aufzunehmen. Im Folgenden wird die Arbeitsweise und eine Rationalität für die Existenz einer ROSCA mit zufälliger Auszahlungsreihenfolge dargestellt.[250]

Es gebe n Individuen, die ein dauerhaftes und unteilbares Gut erwerben möchten, das P kostet. Ihre Präferenzen seien additiv in Hinblick auf dauerhaften und nicht dauerhaften Konsum. Es sei $U(g)$ der Nutzen aus dem Konsum ohne das dauerhafte Gut und $U(g) + \theta$ der Nutzen aus dem Konsum mit dem dauerhaften Gut. Die Individuen sparen in jeder Periode einen bestimmten Betrag. Die Summe der Beträge kommen in jeder Periode einem Individuum zu Gute, wobei jedes Mitlglied nur einmal innerhalb eines Sparzyklus diesen Betrag erhalten kann. Ein Sparzyklus dauert so viele Perioden, wie die ROSCA Mitglieder hat.

Jedes Individuum erzielt ein Einkommen in Höhe von x pro Periode und lebt T Perioden. Sein Nutzen verläuft linear zum Konsum ($U(g) = g$), wenn der Konsum nicht unterhalb des Subsistenzniveau liegt, d.h solange gilt $g \geq \underline{g}$. Dies würde die Realisierung des niedrigst möglichen Nutzen bedeuten, also $U(g) = -\infty$. Ist das Individuum kein Mitglied einer ROSCA, stellt sich ihm das folgende Optimierungsproblem:

$$\max_t (T - t)(x + \theta) + tg, \tag{73}$$

wobei der Konsum nicht unterhalb des Subsistenzniveaus liegen kann $\left(g \geq \underline{g}\right)$ und die Budgetrestriktion eingehalten werden muss $(t(x - g) \geq P)$. Es sei t die Periode, in der das dauerhafte Gute angeschafft wird und g ist der Konsum während der Sparphase. Optimierung nach Lagrange unter der Nebenbedingung der Budegerestriktion liefert das folgende Gleichungssystem:

$$\begin{aligned} g - x - \theta - g\lambda_2 + x\lambda &= 0 && \text{(74a)} \\ g - x - \theta - g\lambda_2 + x\lambda &= 0 && \text{(74b)} \\ tx - gt - P &= 0 && \text{(74c)} \end{aligned}$$

Auflösen des Gleichungssystem liefert:

$$t^* = \frac{P}{x - g} \wedge g = \underline{g} \tag{75}$$

Bei individueller Finanzierung des dauerhaften Gutes ergibt sich damit folgender Nutzen:

$$U_A = (T - \frac{P}{x - g})(x + \phi) + \frac{P}{x - g} g \tag{76}$$

Wie würde sich der Nutzen des Individuums verändern, wenn es Mitglied in der ROSCA würde. Bei einer zufälligen Zuteilung des Betrages würde es die Auszahlung in der Periode i

[250] Vgl. Besley et al. (1993) S. 794-797.

erhalten, wobei i eine gleichverteilte Zufallszahl zwischen 1 und n sei. Der Erwartungswert von i beträgt damit $i = \frac{1+n}{2}$. Wenn dem Individuum die Summe der in einer Periode von allen Mitgliedern eigezahlten Beiträge zum Zeitpunkt $\frac{i}{n}t$ ausgezahlt werden beträgt sein Nutzen insgesamt

$$u_i = \frac{i}{n}tg + (t - \frac{i}{n}t)(g + \phi) + (T - t)(x + \phi). \tag{77}$$

Aus der ex-ante Perspektive beträgt der erwartete Nutzen

$$U_R = \frac{1+n}{2}g + (t - \frac{1+n}{2})(g + \phi) + (T - t)(x + \phi) \tag{78a}$$

$$= \frac{1+n}{2}g + \frac{n-1}{2}(g + \phi) + (T - t)(x + \phi). \tag{78b}$$

Mit $t^* = \frac{P}{x-g} \wedge g = \underline{g}$ folgt

$$U_R = \frac{1+n}{2}g + (\frac{P}{x-g} - \frac{1+n}{2})(g + \phi) + (T - \frac{P}{x-g})(x + \phi). \tag{79}$$

Der erwartete Nutzen des Individuums ist der der Gruppe damit höher als bei einem individuellen Sparen:

$$\frac{1+n}{2}g + (\frac{P}{x-g} - \frac{1+n}{2})(g+\phi) + (T - \frac{P}{x-g})(x+\phi) > (T - \frac{P}{x-g})(x+\phi) + \frac{P}{x-g}g. \tag{80}$$

Der Grund dafür ist darin zu sehen, dass die Anschaffung des dauerhaften Gutes in der Regel früher, spätestens zum selben Zeitpunkt wie beim individuellen Sparen erfolgt und somit der Nutzen aus der Anschaffung früher und auf Grund der Dauerhaftigkeit des Gutes auch länger entsteht.

Literatur

[1] ABBINK, Klaus; IRLENBUSCH, Bernd; RENNER, Elke (2003) Group Size and Social Ties in Microfinance Institutions. *Royal Economic Society Annual Conference*

[2] ADAMS, Dale W.; VON PISCHKE J.D. (1992) Micro-Enterprise Credit Programs: Déjà-Vu *World Development* Nr. 20, S. 1463-1470

[3] AHLIN, Christian; TOWNSEND, Robert M.: Using Repayment Data to Test Across Models of Joint Liability Lending. *The Economic Journal* (2005) Nr. 117, S. 11-51

[4] AKERLOF, George A. (1970) The Market for „Lemons“. *The Quarterly Journal of Economics* Nr. 3, S. 488-500

[5] ALEEM, Irfan (1993) Imperfect Information, Screening, and the Costs of Informal Lending: A Study of Rural Credit Market in Pakistan. *The World Bank Economic Review* Bd. 4, Nr. 3, S. 329-349

[6] ARMENDÁRIZ DE AGHION, Beatriz; MORDUCH, Jonathan (2000) Microfinance beyond Group Lending. *Economics of Transition* Bd. 8, Nr. 2, S. 401-420

[7] ARMENDÁRIZ DE AGHION, Beatriz; GOLLIER, Christian (2000) Peer Group Formation in an Adverse Selection Model. *Economic Journal* Nr. 110, S. 632-643

[8] ARMENDÁRIZ DE AGHION, Beatriz; MORDUCH, Jonathan (2005) *The Economics of Microfinance.* MIT Press, Cambridge

[9] AVATO, Patrick (2005) Banks, Informal Money Lenders and Asymmetric Information: A theoretical approach to explain the peculiar structure of credit markets in LDCs *School of Advanced International Studies, John Hopkins University*

[10] BALTENSPERGER, Ernst (1976) The Borrower-Lender Relationship, Competitive Equilibrium, and the Theory of Hedonic Prices *American Economic Review* Bd. 66, Nr. 3, S. 401-405

[11] BANERJEE, Abhijit V.; NEWMAN, Andrew F. (2001) Power and Well-Being in Developing Countries: Poverty, Incentives, and Development. *The Political Economy of Development* Bd. 84, Nr. 2, S. 211-215

[12] BERTRAND, Marianne; DUFLO, Esther (2001) MULLAINATHAN, Sendhil: How Much Should We Trust Differences-in-Differences Estimates? *The Quarterly Journal of Economics* Bd. 119, Nr. 1, S. 249-275

[13] BESLEY, Timothy; COATE, Stephen; LOURY, Glenn (1993) The Economics of Rotating Savings and Credit Associations. *American Economic Review* Bd. 83, Nr. 4, S. 792-810

[14] BESLEY, Timothy (1994) How Do Markt Failure Justify Inernventions in Rural Credit Market? *World Bank Research Observer* Bd. 9, Nr. 1, S. 27-47

[15] BESLEY, Timothy; COATE, Stephen (1995) Group Lending, Repayment Incentives and Social Collateral. *Journal of Development Economics*

[16] BESTER, Helmut (1985) Screening vs. Rationing in Credit Markets with Imperfect Information. *American Economic Review* Bd. 75, Nr. 4, S. 850-855

[17] BESTER, Helmut; HELLWIG, Martin (1987) Moral Hazard and Equilibrium Credit Rationing: An Overview of the Issues. *Universität Bonn, Discussion Paper Serie A* Nr. 125

[18] BOUMAN, F. J. A.; HOSPES, Otto (1994) Financial Landscapes Reconstructed: The Fine Art of Mapping Development, o.O.

[19] BRAVERMAN, Avishay; GUASCH , Luis J. (1986) Rural Credit Markets and Institutions in Developing Countries: Lessons for Policy Analysis from Practice and Modern Theory. *World Development* Bd. 14, Nr. 10, S. 1253-1267.

[20] BROWN, Martin; JAPPELLI, Tullio; PAGANO, Marco (2007) Information Sharing and Credit: Firm-Level Evidence from Transition Countries. *CSEF Working Paper* Nr. 178

[21] CASSAR, Alessandra; CROWLEY, Luke; WYDICK, Bruce (2006) The effect of social capital on group loan repayment: Evidence from field experiments. *Economic Journal* Bd. 117, Nr. 517, S. 85-106

[22] CHANG, Ha-Joon (2007) Protecting the Global Poor. *Prospect im Internet verfügbar unter: http://www.prospect-magazine.co.uk/article_details.php?id=9653* Zugriff am 27.11.07

[23] CHESTON, Susy; KUHN, Lisa (2002) Empowering Women through Microfinance. *Microcredit Summit Campaign*, Washington DC

[24] CHRISTEN, Robert P.; RHYNE Elisabeth; VOGEL, Robert C. (1995) Maximizing the Outreach of Microenterprise Finance: An Analysis of Successful Microfinance Programs. *CGAP Focus* Nr. 2

[25] CHRISTEN, Robert P.; (2001) Commercialization and Mission Drift: The Transformation of Microfinance in Latin America. *CGAP Occasional Paper* Nr. 5

[26] COLEMAN, Brett E. (1999) The Impact of Group Lending in Northeast Thailand. *Journal of Development Economics* Bd. 60, Nr.1, S. 105-141

[27] COPESTAKE, James; BHALOTRA, Sonia; JOHNSON, Susan (2001) Assesing the Impact of Microcredit: A Zambian Case Study *Journal of Development Studies* Bd. 37, Nr.4, S. 81-100

[28] CONNING, Jonathan (1999) Outreach, Sustainability and Leverage in Monitored and Peer-Monitored Lending. *Journal of Development Economics* Bd. 60, Nr. 1, S. 51-77

[29] COPESTATE, James; BHALOTRA, Sonia; JOHNSON, Susan (2000) Assessing the Impact of Microcredit on Poverty: A Zamibian Case Study. *Dept. of Economics and International Development, University of Bath* Occasional Paper 02/00

[30] CULL, Robert; DEMIRGUC-KUND, Asli; MORDUCH, Jonathan (2006) Financial Performance and Outreach: A Global Analysis of Leading Microbanks. *World Bank Policy Research Working Paper* Nr. 3827

[31] DALEY-HARRIS, Sam (2006) State of the Microcredit Summit Campaign Report. *Microcredit Summit Campaign*

[32] DALEY-HARRIS, Sam; AWIMBO, Anna (2006) More Pathways out of Poverty *Kumarian Press*, Bloomfield

[33] De Meza, David E.; Webb, David C. (1987) Too much investment: A Problem of Asymmetric Information. *The quarterly journal of economics* Nr. 2, S. 281-292

[34] De Soto, Hernando (2000) The Mystery of Capital: Why Capitalism Triumphs in the West and Fails Everywhere Else. *Basic Books*, New York

[35] Evers, Jan; Lahn, Stefanie; Jung, Martin (2007) Status of Microfinance in Western Europe: An Academic Review by Evers & Jung *European Microfinance Network Issue Paper*

[36] Fehr-Duda, Helga; de Gennaro, Manuele; Schubert, Renate (2006) Gender, Financial Risk, and Probability Weights. *Theory and Decision* Bd. 60, Nr. 2, S. 283-313

[37] Freixas, Xavier; Rochet, Jean-Charles (2006) *Microeconomics of banking.* MIT Press, 7. Aufl., Cambridge

[38] Fuentes, Gabriel A. (1996) The Use of Village Agents in Rural Credit Delivery. *Journal of Development Studies* S. 188-209

[39] Ghatak, Maitreesh; Guinnane, Timothy W. (1999) The Economics of Lending with Joint Liability: Theory and Practice. *Journal of Development Economics* Bd. 60, Nr.1, S. 195–228

[40] Ghatak, Maitreesh (2000) Screening by the Company You Keep: Joint Liability Lending and the Peer Selection Effect. *Economic Journal* Bd. 110, Nr. 465, S. 601-631

[41] Ghosh, Parikshit; Mookherjee, Dilip; Ray, Debraj (2000) Credit Rationing in Developing Countries: An Overview of the Theory. *Working Paper Department of Economics, New York University*

[42] Gine, Xavier; Karlan, Dean S. (2006) Group versus Individual Liability: A Field Experiment in the Philippines *Working Paper Economic Growth Center, Yale University* Nr. 940

[43] Gonzalez-Vega, Claudio (1994) Stages in the Evolution of Thought on Rural Finance: A Vision from Ohio State University. *Economics and Sociology Occasional Paper* Nr. 2138

[44] Grossman, Sanford J.; Hart, Oliver D. (1983) An Analysis of the Principal-Agent-Problem *Econometrica* Bd. 41, Nr. 1, S. 7-43

[45] Guinnane, Timothy W. (1994) A Failed Institutional Transplant: Raiffeisen's Credit Cooperatives in Ireland, 1894-1914. *Working Paper Woodrow Wilson School, Princeton – Development Studies* Nr. 165

[46] Helms, Brigit.; Reille, Xavier (2004) Interest Rate Ceilings and Microfinance: The Story So Far. *CGAP Occasional Paper* Nr. 9

[47] Hermes, Niels; Lensink, Robert (2007) The Empirics of Microfinance: What Do We Know? *Economic Journal* Bd. 117, Nr. 517, S. F1-F10

[48] Hishigsuren, Gaamaa (2004) Scaling Up and Mission Drift: Can Microfinance Institutions Maintain a Poverty Alleviation Mission while Scaling up? *Diss. an der Southern New Hampshire University*

[49] HOFF, Karla; STIGLITZ, Joseph E. (1998) Moneylenders and Bankers: Price-Increasing Subsidies in a Monopolistically Competitive Market *Journal of Development Economics* Bd. 52, Nr. 2, S. 485-518

[50] HULME, David (2000) Impact Assessment Methodologies for Microfinance: Theory, Experience and Better Practice. *World Development* Bd. 28, Nr. 1, S. 79-98

[51] JENSEN, M. C.; MECKLING, W. H. (1976) Theory of the Firm. *Journal of Financial Economics* Bd. 3, Nr. 4, S. 305-360

[52] KARLAN, Dean S. (2001) Microfinance Impact Assessments: The Perils of Using New Members as a Control Group *MIT Department of Economics*

[53] KARLAN, Dean S. (2007) Social Connections and Group Banking. *Economic Journal* S. F52-F84

[54] KHALILY, Baqui; MEYER, Richard L. (1993) The political economy of rural loan recovery: Evidence from Bangladesh. *Saving and Development* Nr. 1, S. 23-38

[55] KHANDKER, Shahidur R. (1998) *Fighting Poverty with Microcredit: Experience in Bangladesh Oxford University Press*

[56] KHANDKER, Shahidur R. (2003) Micro-finance and Poverty: Evidence Using Panel Data from Bangladesh. *Policy Research Working Paper* Nr. 2945

[57] LAFFONT, Jean-Jacques; MARTIMORT, David (2002) The Theory of Incentives: The Principal-Agent Model. *Princeton University Press* Princeton, Oxford

[58] LARISCH, Stefan (2002) Kreditsicherheiten bei asymmetrischer Information: Fragen an die Anreizkompatibilität traditioneller und alternativer Besicherungsdesigns *Peter Lang, Europäischer Verlag der Wissenschaften*, Frankfurt a.M. u.a.

[59] LEDGERWOOD, Joanna (1999) Microfinance Handbook: An Institutional and Financial Perspective *The World Bank*, Washington D.C.

[60] LITTLEFIELD, Elizabeth; MORDUCH, Jonathan; HASHEMI, Syed (2003) Is Microfinance an Effective Strategy to Reach the Millennium Development Goals? *CGAP Focus Note* Nr. 24

[61] LUCAS, Robert E. (1990) Why Doesn't Capital Flow from Rich to Poor Countries? *American Economic Review* Bd. 80, Nr. 2, S. 92-96

[62] LUOTO, Jill; MCINTOSH, Craig; WYDICK, Bruce: Credit Information Systems in Less-Developed Countries: Recent History and a Test. *Economic Development and Cultural Change* (2004) Bd. 55, Nr. 2, S. 313-334

[63] MADAJEWICZ, Malgosia (2003) Capital for the Poor: The Effect of Wealth on the Optimal Credit Contract *Working Paper*

[64] MACHO-STADLER, Inés; PÉREZ-CASTRILLO, David J. An Introduction to the Economics of Information: Incentives and Contracts *Oxford University Press*, 2. Auflage, New York

[65] MCINTOSH, Craig; WYDICK Bruce (2004) A Decomposition of Incentive and Screening Effects in Credit Market Information Systems *Working Paper, University of California at San Diego*

[66] MIRRLEES, James A. (1999) The Theory of Moral Hazard and Unobservable Behaviour: Part I *The Review of Economic Studies* Bd. 66, Nr. 1, S. 3-21

[67] MOOKHERJEE, Dilip; RAY, Debraj (1999) Readings in the Theory of Economic, Development. *Im Internet verfügbar unter: http://www.econ.nyu.edu/user/debraj/Papers/DevReaderIntro.pdf,* Zugriff am 21.10.2007

[68] MORDUCH, Jonathan (1999a) The Microfinance Promise. *Journal of Economic Literature* Bd. 37, Nr. 4, S. 1569-1614

[69] MORDUCH, Jonathan (1999b) The Role of Subsidies in Microfinance: Evidence from the Grameen Bank. *Journal of Development Economics* Bd. 60, Nr. 1, S. 229-248

[70] MORDUCH, Jonathan (2000) The Microfinance Schism. *World Development* Bd. 28, Nr. 4, S. 617-629

[71] MOSLEY, Paul; HULME, David (1998) Microenterprise Finance: Is There a Conflict Between Growth and Poverty Alleviation? *World Development* Bd. 26, Nr. 6, S. 783-790

[72] OLEGARIO, Rowena (2003) Credit Reporting Agencies: A Historical Perspective. *Credit Reporting Systems and the International Economy, Hrsg.:* MILLER, *Margaret J.* MIT Press, S. 115-159

[73] PAGANO, Marco; JAPPELLI, Tullio (1993) Information Sharing in Credit Markets *Journal of Finance* Bd. 48, Nr. 5, S. 1693-1718

[74] PITT, Mark M.; KHANDKER, Shahidur R. (1998) The Impact of Group-Based Credit Programs on Poor Households in Bangladesh. *Journal of Political Economy* Bd. 106, Nr. 5, S. 958-995

[75] PRASAD, Eswar; RAJAN, Raghuram; SUBRAMANIAN, Arvind (2007) The Paradox of Capital: Is Foreign Capital Associated with Economic Growth and, if not, Why Does It Flow „Uphill“?. *Finance and Development* Bd. 44, Nr. 1

[76] PRINZ, Michael (2002) German Rural Cooperatives, Friedrich-Wilhelm Raiffeisen and the Organization of Trust 1850-1914. *Paper delivered to the XIII IEHA Congress Buenos Aires*

[77] PRITCHETT, Lant: It Pays to be Ignorant (2002) A Simple Political Economy of Rigorous Program Evaluation. *The Journal of Policy Reform* Bd. 5, Nr. 4, S. 251-269

[78] RAHMAN, Aminur (1999) Micro-credit Initiatives for Equitable and Sustainable Development. *World Development* Bd. 27, Nr. 1, S. 67-82

[79] RAI, Ashok S.; SJÖSTRÖM, Tomas (2004) Is Grameen Lending Efficient? Repayment Incentives and Insurance in Village Economies. *The Review of Economic Studies* Bd. 71, Nr. 1, S. 217-234

[80] RHYNE, Elisabeth (1998) The Yin and Yang of Microfinance: Reaching the Poor and Sustainability. *Microbanking Bulletin, Juli* S. 6-8

[81] RHYNE, Elisabeth (2001) Mainstreaming Microfinance: How Lending to the Poor Began, Grew, and Came of Age of Bolivia. *Kumarian Press*, Bloomfield

[82] RICHTER, Rudolf; FURUBOTN, Eirik G. (1999) *Neue Institutionenökonomik* Mohr Siebeck, 2. Auflage, Tübingen

[83] ROBINSON, Marguerite S. (2001) The Microfinance Revolution: Sustainable Finance for the Poor. *The World Bank*, Washington D.C.

[84] ROTH, Michael; STEINWAND, Dirk (2004) Mikrofinanz: Weltweites Erfolgsmodell, nur nicht in Deutschland? Zur Übertragbarkeit der Erfahrungen aus Entwicklungsländern auf Deutschland *Deutsche Gesellschaft für Technische Zusammenarbeit* Abteilung 41: Kompetenzfeld Finanzsystementwicklung

[85] ROTHSCHILD, Michael; STIGLITZ, Joseph E. (1970) Increasing Risk: A Definition. *Journal of Economic Theory* Bd. 2, Nr. 3, S. 225-243

[86] ROTHSCHILD, Michael; STIGLITZ, Joseph (1976) Equilibrium in Competitive Insurance Markets: An Essay on the Economics of Imperfect Information. *The quarterly journal of economics* Bd. 90, Nr. 4, S. 629-649

[87] SCHREINER, Mark; YARON, Jacob (1999) The Subsidy Dependence Index and Recent Attempts to Adjust It *Savings and Development* Bd. 23, Nr. 4, S. 375-405.

[88] STAEHLE, Mark (2005) Flexible Financial Services for the Poor: Experience of SafeSave, Bangladesh *Finance for the Poor* Bd. 6 Nr. 3, *Im Internet verfügbar unter: http://safesave.org/ADB%20Mark%20text.pdf*, Zugriff am 27.10.2007

[89] STIGLITZ, Joseph E. (1974) Incentives and Risk-Sharing in Sharecropping. *Review of Economic Studies* Bd. 41, Nr. 2, S. 219-256

[90] STIGLITZ, Joseph E.; WEISS, Andrew (1981) Credit rationing in markets with imperfect information. *American Economic Review* Bd. 71, Nr. 3, S. 393-410

[91] STIGLITZ, Joseph E.; WEISS, Andrew (1983) Incentive Effects of Terminations: Applications to the Credit and Labor Markets. *American Economic Review* Bd. 73, Nr. 5, S. 912-927

[92] STIGLITZ, Joseph E. (1990) Peer Monitoring and Credit Markets. *The World Bank Economic Review* Bd. 4, Nr. 3, S. 351-366

[93] TERBERGER-STOY, Eva (2001) Mikrofinanzierung, Ein Mittel gegen Armutsbekämpfung ohne unerwünschte Nebenwirkung. *Tagungsband des Vereins für Entwicklungsökonomische Forschungsförderung „Verteilung und Entwicklung" Hrsg.:* HEMMER, *Hans-Rimbnert;* NIENHAUS, *Volker*, S. 51-65

[94] TOWNSEND, Robert M. (1979) Optimal Contracts and Competitive Markets With Costly State Verification. *Federal Reserve Bank of Minneapolis Staff Report* Nr. 45

[95] TOWNSEND, Robert M.; YARON, Jacob (2001) The Credit Risk-Contingency System of an Asian Development Bank. *Federal Reserve Bank of Chicago Economic Perspectives* Bd. 25, Nr. 3, S. 31-48

[96] TOWNSEND, Robert M.; UEDA, Kenichi (2006) Financial Deepening, Inequality, and Growth: A Model-Based Quantitative Evaluation. *Review of Economic Studies* Bd. 73, Nr. 1, S. 251-293

[97] VARIAN, Hal R. (2007) Grundzüge der Mikroökonomik. *7. Auflage, Vahlen Verlag*, München u.a.

[98] VIGENINA, Denotes; KRITIKOS, Alexander S. (2004) The Individual Micro-lending Contract: Is It a Better Design Than Joint-Liability? Evidence from Georgia. *Economic Systems, Special Issue June* S. 155-176

[99] WAGNER, Norbert; KAISER, Martin; BEIMDIEK, Fritz (1989) Ökonomie der Entwicklungsländer. *2. Auflage, Gustav und Fischer Verlag,* Stuttgart

[100] WENNER, Mark D. (1995) Group Credit A Means to Improve Information Transfer and Loan Repayment Performance. *Journal of Development Studies* Bd. 32 Nr. 2, S. 263-281

[101] WOMENAID INTERNATIONAL (2001) Briefing Paper No: MC/BP.01 *Im Internet verfügbar unter: http://www.womenaid.org/press/info/microcredit/micro1.html*, Zugriff am 26.10.2007

[102] WYDICK, Bruce (1999) Can Social Cohesion be Harnessed to Repair Market Failures? Evidence from Group Lending in Guatemala. *The Economic Journal* Bd. 109, Nr. 457, S. 463-475

[103] YARON, Jacob; BENJAMIN, McDonald; CHARITONENKO, Stephanie (1998) *The World Bank Research Observer* Bd. 13, Nr. 2, S. 147-70

[104] YUNUS, Muhammad (1999) Banker to the Poor: Micro-Lending and the Battle Against World Poverty, Public Affairs, New York

[105] YUNUS, Muhammad (2002) Grameen Bank II: Designed to Open New Possibilites. *Im Internet verfügbar unter: http://www.grameen-info.org/bank/bank2.html*, Zugriff am 01.11.07

[106] YUNUS, Muhammad (2007) Grameen at a Glance *Im Internet verfügbar unter: http://www.grameen-info.org/bank/GBGlance.htm*, Zugriff am 15.11.07

[107] YUNUS, Muhammad (2007) Is Grameen Bank Different From Conventional Banks? *Im Internet verfügbar unter: http://www.grameen-info.org/bank/GBdifferent.htm*, Zugriff im Oktober 2007